دراسات الجدوى الاقتصادية
وتقييم المشروعات الصناعية

الدكتور
مدحت القريشي
أستاذ الاقتصاد الصناعي المشارك

دار وائل للنشر
الطبعة الأولى
2009

رقم الايداع لدى دائرة المكتبة الوطنية : (2008/10/3448)

القريشي ، مدحت

دراسات الجدوى الاقتصادية وتقييم المشروعات / مدحت كاظم القريشي.

- عمان ، دار وائل 2008

(283) ص

ر.إ. : (2008/10/3448)

الواصفات: التنمية الاقتصادية / الاقتصاد الصناعي/ المشاريع الصناعية/ الصناعات/ المشاريع

* تم إعداد بيانات الفهرسة والتصنيف الأولية من قبل دائرة المكتبة الوطنية

****

رقم التصنيف العشري / ديوي : 338.9

ISBN 978-9957-11-779-5 (ردمك)

* دراسات الجدوى الاقتصادية وتقييم المشروعات الصناعية

* الدكتور مدحت القريشي

* الطبعـة الأولى 2009

دار وائـل للنشر والتوزيع

* الأردن - عمان - شارع الجمعية العلمية الملكية - مبنى الجامعة الاردنية الاستثماري رقم (2) الطابق الثاني

هـاتف : 00962-6-5338410 - فاكس : 00962-6-5331661 - ص. ب (1615 - الجبيهة)

* الأردن - عمـان - وسـط البلـد - مجمـع الفحيص التجـاري- هـاتف: 00962-6-4627627

www.darwael.com

E-Mail: Wael@Darwael.Com

محتويات الكتاب

الفصل الرابع

معايير الربحية التجارية الخاصة للمشروعات

الفصل الخامس

معايير الربحية الاقتصادية القومية للمشروعات: (الطرق الجزئية)

الفصل السادس

معايير الربحية الاقتصادية القومية: (الطرق الشاملة)

الفصل السابع

تحليل الربحية التجارية والقومية في ظروف المخاطر وعدم التأكد

الفصل الثامن
تقييم الأداء في المنشآت الصناعية

الفصل التاسع
حالات تطبيقية لتقييم المشروعات الصناعية

مقدمـــة

لاشك أن قضية التنمية الاقتصادية والاجتماعية في البلدان النامية تعتبر من أبرز القضايا التي تواجه البلدان المذكورة، ولهذا تسعى مختلف بلدان العالم اليوم إلى تحقيق التقدم الاقتصادي والاجتماعي من خلال استخدام الموارد الاقتصادية الاستخدام الأمثل. ونظراً لمحدودية الموارد الاقتصادية بالمقارنة مع الحاجات الإنسانية اللامحدودة والمتجددة فلابد من استخدام هذه الموارد بشكل يحقق أقصى اشباع ممكن للحاجات وبأقل كمية من الموارد الاقتصادية.

ومن الطبيعي أن اشباع حاجات الإنسان من السلع والخدمات يتحقق من خلال إنشاء وتوسيع وتطوير وحدات انتاجية ومصانع. ولهذا فلابد من دراسة وتحليل جدوى المشروعات الاستثمارية للتأكد من كفاءتها في استغلال الموارد لتحقيق الأهداف المنشودة. ومن هنا يكتسب موضوع دراسة الجدوى الإقتصادية وتقييم المشروعات الصناعية بشكل خاص (والمشروعات الاستثمارية بشكل عام) أهميته، حيث أنه يمثل حلقة من حلقات التخطيط الصناعي الذي يبدأ بالمشروع ثم يصعد إلى الفرع الصناعي ثم إلى القطاع الصناعي ككل، وهكذا وصولاً إلى التخطيط على مستوى الاقتصاد الوطني.

وحيث أن المشروع الاستثماري (Investment Project) يمثل اللبنه الأساسية للاقتصاد الوطني لهذا فإن دراسات الجدوى الاقتصادية وتقييم المشروعات تحظى باهتمام الباحثين وصناع القرار الاستثماري ورجال الأعمال على حد سواء، وأصبحت هذه الدراسات بمثابة ركيزة أساسية في عملية التخطيط التنموي. وعلاوة على ذلك فإن موضوع دراسات الجدوى الاقتصادية (Economic Feasibility Studies) يمثل أحد الفروع الإقتصادية والإدارية الحديثة التي لا غنى

عنها للمشروعات، وهي تمثل الأسلوب العلمي لتبيان مدى جدوى وصلاحية المشروع المقترح.

وقد يرجع سبب الفشل في العديد من المشروعات الصناعية، وخصوصاً في البلدان النامية إلى عدم وجود دراسات الجدوى الاقتصادية أو إلى ضعف وعدم دقة وواقعية تلك الدراسات، الأمر الذي يفرض الاهتمام اللازم بتلك الدراسات والتحقق من دقة وواقعية التحليلات والمؤشرات والاستنتاجات.

وتتطلب دراسات الجدوى فريق عمل يشتمل على تخصصات متنوعة وعلى درجة عالية من المعرفة العلمية والخبرة العملية. وغني عن القول بأن عدم القيام بدراسات الجدوى للمشروعات المقترحة يمثل خطأً فادحاً ويقود إلى هدر وتبذير في الموارد الاقتصادية.

ورغم وجود عدد من الكتب التي تعالج موضوع دراسات الجدوى الاقتصادية وتقييم المشروعات الاستثمارية لكن كل واحد منها ينتهج أسلوباً معيناً وقد يتوسع في جوانب معينة ويختصر في جوانب أخرى حسب وجهة نظر المؤلف أو اهتماماته الشخصية. وقد ارتأينا تأليف هذا الكتاب ليكون اضافة متواضعة وكتاباً منهجياً يغطي العديد من الجوانب المختصة بالمادة العلمية والمستندة إلى المفردات المعتمدة لهذه المادة لطلاب الاقتصاد والعلوم المالية والمصرفية في كلية التخطيط والإدارة في جامعة البلقاء التطبيقية في الأردن، وقد أضفنا إلى الكتاب بعض الجوانب المهمة والتي نعتقد أنها مفيدة وضرورية سواء للطالب أو للمتخصص في هذا الموضوع. كما أعطينا للجانب العملي والتطبيقي حقه من خلال بعض التمارين والحلول المناسبة لها وكذلك عرض بعض الحالات الدراسية التطبيقية وذلك توخياً لتحقيق المنفعة والفائدة العملية.

ويحتوي الكتاب على تسعة فصول تضمنت الموضوعات الآتية:

المقدمة

الفصل الأول: الإطار العام لدراسات الجدوى الاقتصادية

الفصل الثاني: أنواع دراسات الجدوى الاقتصادية.

الفصل الثالث: البيانات والمعلومات اللازمة لدراسات الجدوى وتقييم المشروعات.

الفصل الرابع: معايير الربحية التجارية الخاصة للمشروعات الصناعية.

الفصل الخامس: معايير الربحية الاقتصادية (القومية) للمشروعات: الطرق الجزئية.

الفصل السادس: معايير الربحية الاقتصادية (القومية): الطرق الشاملة.

الفصل السابع: تحليل الربحية التجارية والربحية القومية في ظروف المخاطر وعدم التأكد.

الفصل الثامن: تقييم الأداء في المنشآت الصناعية.

الفصل التاسع: حالات تطبيقية لتقييم المشروعات الصناعية.

وحيث أن دراسات الجدوى تعتمد بالأساس على افتراضات وتوقعات مستقبلية، وتخضع تلك الافتراضات والتوقعات لعدم اليقين ولظروف عديده يقع بعضها خارج إطار المشروع، الأمر الذي يجعل من الضروري إجراء اختبارات الحساسية للمتغيرات الأساسية والمهمة للتحقق من قدرة المشروع على مواجهة المتغيرات التي تواجه عمل المشروع. ولهذا فقد قمنا باستعراض الوسائل المختلفة، والأمثلة العديدة لاجراء اختبارات الحساسية للمشروعات باعتماد مؤشر القيمة المضافة الصافية أو نقطة التعادل.

وحيث أن العديد من المشروعات الاستثمارية هي كبيرة الحجم وذات استثمارات كبيرة فانها تترك آثارها على الاقتصاد الوطني، وقد تكون في أغلب الحالات عائدة للقطاع العام، أو أنها تعود إلى القطاع الخاص لكنها تستخدم الموارد الاقتصادية للبلد مما يجعل من الضروري تقييم تلك المشروعات تقييماً اقتصادياً

(اجتماعياً) بهدف تحديد جدواها الاقتصادية بالنسبة للمجتمع والاقتصاد الوطني ككل. ولهذا فقد تم التوسع نسبياً في استعراض طرق التقييم القومية (الاجتماعية)، سواء التي تعتمد المعايير الجزئية أو تلك التي تعتمد المعايير الكلية (الشاملة).

وبطبيعة الحال فأن المشروعات الصناعية لها أهداف محددة تسعى لتحقيقها لهذا يتعين ان يتم تقييم أداء المنشآت بعد تأسيسها وقيامها بالانتاج وذلك للوقوف على مدى نجاح تلك المنشآت في تحقيق أهدافها.

وفي الختام أود أن أتقدم بالشكر والتقدير للأخ الأستاذ وائل أبو غربية، المدير العام لدار وائل للنشر، على رعايته واهتمامه الشخصي بمتابعة واخراج الكتاب بالشكل المناسب. كما اقدم شكري للسيدة سهاد النجار على جهودها في طبع الكتاب.

واخيراً وليس آخراً لا يفوتني أن اعبر عن شكري وتقديري لجميع أفراد عائلتي على صبرهم وتحملهم معي عناء أعداد هذا الكتاب.

وأرجو أن أوفق لكي يكون الكتاب عوناً للطلبة والدارسين والمختصين في المجالات الاقتصادية.

الفصل الأول

الإطار العام لدراسات الجدوى الاقتصادية

1.1 مفهوم دراسات الجدوى الاقتصادية.

2.1 المشروع الإستثماري وأهدافه ومراحل تأسيسه .

3.1 أهمية وفائدة دراسات الجدوى الاقتصادية.

الفصل الأول

1. الإطار العام لدراسات الجدوى الاقتصادية

1.1 مفهوم دراسات الجدوى الاقتصادية [1] :

يشير مفهوم دراسات الجدوى الاقتصادية للمشروعات الاستثمارية إلى مجموعة الاختبارات والتقديرات التي يتم أعدادها للحكم على صلاحية المشروع الاستثماري المقترح في ضوء توقعات التكاليف والعوائد المباشرة وغير المباشرة طوال العمر الاقتصادي للمشروع. وبعبارة موجزة فإن دراسة الجدوى تعني التعرف على فائدة المشروع وجدواه ومقدارها. والتعريف الأكثر تفصيلاً وشمولية ينص على أن جدوى المشروع يعني تحديد مستوى الكفاءة التي تتحقق من استثمار مخطط يجري تقييمه على أسس تحليلية للبدائل المتاحه، بغرض تبني القرار الأفضل، وذلك اعتماداً على معايير مالية للعوائد والتكاليف ولما يقتضيه الزمن من فترات الإيفاء بالإلتزامات الأولية. وقد يكون هذا التقييم تجارياً (خاصاً) بحتاً أو اقتصادياً قومياً (عاماً).

ومن التعريف أعلاه يتضح بأن جدوى المشروع يتضمن عدداً من العناصر وأهمها:[2]

1. الكفاءة (Efficiency) والتي تمثل بمثابة جوهر دراسة الجدوى والتي تتضمن ربحية المشروع ومستوى انتاجية عناصر الإنتاج.
2. الإستثمار المخطط، أي أن الجدوى يتم أعدادها للإستثمار المخطط.
3. التقييم، والذي يتضمن استخدام كافة المؤشرات المتعلقة بدراسات الجدوى، وهذا يتطلب أن تكون المؤشرات المذكورة قابلة للتقييم.

4. البدائل المتاحه، أي أن أعداد دراسة الجدوى يتم في ضوء وجود بدائل عديدة للمشروع المقترح.
5. القرار الأفضل، والذي يمثل القرار الأكثر واقعيه والأقرب إلى الحلول المثلى (optimal solutions) .
6. معايير مالية، حيث تقتضي الدقه في التقييم الاعتماد على معايير كمية والتي تستند عادة على مؤشرات ماليه تتضمن الإيرادات والتكاليف والوفورات والأسعار والقيم المضافة، وهي في الغالب قيم نقديه. ويمكن أن تمتد دراسة الجدوى إلى استخدام مؤشرات مثل تشغيل العاطلين أو تحسين البيئة الخ.
7. الزمن وفترات الايفاء بالتزامات الماليه، حيث أن الزمن الذي يستغرقه الإيفاء بالالتزامات الماليه الأساسية يعد أمراً حاسماً في اتخاذ القرار الاستثماري. حيث أن هذا الزمن إما أن يتعلق باقتراض الأموال أو تحمل خدمات الديون وتراكم الفوائد، أو بتعطل الموجودات التي يمتلكها المنظم لفترة زمنية. وفي كلتا الحالتين يفترض بالمستثمر آن يحقق ربحاً صافياً يعادل التكلفه الأولية في أقصر فترة ممكنه.
8. الزمن وتآكل القيم الحقيقية للنقود، إذ أن القيم الحقيقية للموجودات الاستثمارية وعوائدها تخضع خلال عمر المشروع لعوامل التآكل مثل اهتلاك رأس المال أو الابتكارات التكنولوجية أو التضخم النقدي.
9. الجدوى التجارية والجدوى الاقتصادية القومية، حيث يكون تعظيم الربح التجاري هدفاً كلياً للمستثمر الفرد، فيما تكون الربحيه الاجتماعية هي الهدف بالنسبة للمجتمع ككل[3].

ومن المعلوم أن عملية اتخاذ القرار الاستثماري تبدأ بناء على وجود فكرة لفرصة استثمارية (investment opportunity) لدى المستثمر المحتمل والتي تحتاج

إلى دراسة أولية، وعندما تظهر الدراسة الأولية وجود جدوى أولية للمشروع يتقدم المستثمر باتجاه عمل دراسة جدوى تفصيليه.

وتتطلب عملية دراسة جدوى المشروع مراعاة جملة من الأمور أهمها:

1. النظرة الشاملة لتقييم المشروعات وخاصة بالنسبة للمفاهيم والأساليب والأدوات والمعايير التي يمكن أن تحقق المفاضلة بين المشروعات المفترضه.
2. الربط بين توجهات وطموحات المؤسسات الخاصة وبين توجهات المؤسسات العامة وذلك من خلال التمييز بين مفهوم الربحية الخاصة ومفهوم الربحية الاقتصادية العامه.
3. توفير المعلومات والبيانات الأساسية للقائمين على إعداد دراسات الجدوى وتقييم المشروعات، وبما يسهل عليهم القيام بمهمتهم على أفضل وجه.

ويتم عادة تقييم جدوى المشروع طبقاً لطبيعة المشروع، فيما إذا كان مشروعاً خاصاً (private) أو مشروعاً عاماً (public): فالمشروع الخاص يعود لفرد أو لشركه ضمن القطاع الخاص، ويتم تقييمه من خلال العوائد الماليه الصافيه (الأرباح) العائده لمالك المشروع الخاص. ويطلق على هذا النوع من الجدوى بالجدوى الماليه للمشروع والتي تعتمد على مؤشرات مالية عديده مثل معدل العائد المالي أو فترة الاسترداد أو صافي القيمة الحاليه أو نسبة المنافع إلى التكاليف.

أما المشروعات العامه فيتم تحليل جدواها الاقتصادية على وفق المعايير الاقتصادية والتي تعكس عوائد المشروعات بالنسبة للمجتمع ككل، كما هو الحال مع مؤشر القيمة المضافه (الأرباح والأجور) أو مؤشر زيادة الصادرات أو خفض الواردات أو خلق فرص العمل أو غيرها من المؤشرات الاقتصادية العامة.

2.1 المشروع الاستثماري وأهدافه

حيث أن دراسات الجدوى الاقتصادية تختص بتقييم جدوى المشروعات الاستثمارية، فمن المفيد أولاً أن نقوم بتعريف مفهوم المشروع والوقوف على أهدافه المختلفة.

فالمشروع الاستثماري يقصد به الاقتراح الخاص باستثمار أموال معينه بغرض إنشاء أو توسيع أو تطوير بعض المنشآت لإنتاج أو توسيع انتاج السلع والخدمات بهدف تحقيق الربح و/أو أهداف أخرى إلى جانب الربح، وذلك خلال فترة زمنية معينة. ومن جهته يعرف البنك الدولي المشروع بأنه حزمه من النشاطات الاستثمارية والسياسات والاجراءات المؤسسية الأخرى التي تستهدف تحقيق هدف تنموي معين خلال فترة زمنية محددة[4].فالمستثمر العقلاني يتسم سلوكه الاقتصادي بالحذر والعقلانية عندما يتبين الأسس الموضوعية في تقييم البدائل المتاحه. وفي هذا المضمار يعتمد المستثمر العقلاني على عملية الاختيار، ذلك لأن وجود أكثر من مشروع متنافس على موارد معينه يسمح له بفرصة الاختيار التي تتحدد من خلال كفاءة القرار الاستثماري. وتسهم عملية الاختيار، التي تتم على وفق أسس تحليلية موضوعية، للوصول بتخصيص الموارد الاقتصادية إلى أقصى ربحية ممكنه.

وعليه فإن عملية الاختيار تجعل دراسة الجدوى من أهم محاور العملية التخطيطية. وكلما تعاظم حجم المنشأة وتعقدت عملياتها واتسع نطاق تأثيراتها الاقتصادية والاجتماعية وازدادت حالات عدم التأكد أصبح من الضروري أعداد تقييم علمي للمشروعات الاستثمارية البديلة.

وبخصوص أهداف المشروع الاستثماري فان تعظيم الربح (Profit Maximization) يمثل الهدف التقليدي لنظرية المنشأة (Theory of the Firm)

ضمن النظرية الاقتصادية الجزئية. الا انه في مضمار الاقتصاد الصناعي هناك اعتراف بوجود أهداف عديدة أخرى للمنشأة إلى جانب الربح.

ففي الواقع العملي فاننا نجد بأن أهداف المشروع تختلف حسب نوع وطبيعة المشروع فيما اذا كان مشروعاً خاصاً أو مشروعاً عاماً. فالمشروع الخاص يهدف، كما تفترض النظرية الاقتصادية إلى تعظيم الربح. إلا انه رغم أهمية هدف الربح فاننا نجد أهدافاً أخرى للمشروعات الخاصة منها تعظيم حجم المبيعات من أجل تحقيق السمعة الشخصية (Prestige) في الأسواق المختلفة باعتباره مؤشراً لنجاح إدارة المشروع. وقد يكون الهدف من الانفاق الاستثماري هو تأمين استمرار نشاط المشروع وحمايته من خطر التوقف عن الانتاج.

أما المشروع العام (المملوك للدولة) فانه قد لا يهتم بالأرباح التجارية المباشرة بالقدر المتوقع، رغم أهمية ذلك الهدف، بل قد يهتم بأهداف تنموية واجتماعية تتمثل في توفير السلع والخدمات بأسعار مناسبة (قد تكون مساوية للتكلفة أو حتى دونها)، كما تتمثل في توفير فرص العمل وتوفير النقد الأجنبي أو المساهمة في تحقيق التنمية الصناعية. الا ان ذلك لا يعني بان المشروع العام لا يهتم بالربح لكنه ليس على حساب الأهداف الأخرى.

وفي حالة الشركات المساهمة العامة الحديثة، والتي يتمثل فيها الفصل بين الادارة والملكية، فمن الصعوبة تصور ان المدراء الذين يسيطرون على الشركات يتصرفون بالأساس في ضوء مصلحة المالكين فقط. حيث قد يميلون للعمل باتجاه خدمة مصالحهم الذاتية والتي قد تتمثل في تعظيم نمو المنشأة أو تعظيم قيمة الأصول الثابتة للمنشأة أو قيمة السهم لدى المنشأة. (5)

مراحل المشروع[6]:

المقصود بمراحل المشروع الاستثماري هو عدد العمليات التي يتطلبها المشروع بدأ من عمليات جمع البيانات والتخطيط وحتى عملية تنفيذ المشروع. ويمر المشروع بمراحل عديده يقسمها البعض إلى خمسة مراحل، فيما يقسمها آخرون إلى ثلاثة مراحل. وعلى العموم إذا اعتمدنا التقسيم على أساس خمسة مراحل فانها تتضمن الآتي :

1. مرحلة تحديد المشروع الاستثماري.
2. مرحلة إعداد وتحليل المشروع الاستثماري.
3. مرحلة تقييم المشروع.
4. مرحلة تنفيذ المشروع.
5. مرحلة تقييم المشروع بعد عملية التنفيذ، أي في مرحلة الانتاج الفعلي.

وهناك من يقسمها إلى ثلاثة مراحل تشتمل على:

1. مرحلة ما قبل الاستثمار.
2. مرحلة الاستثمار.
3. مرحلة التشغيل التجريبي.

وفي أدناه شرح موجز للمراحل الخمسة المذكورة أعلاه وما تتضمنه من إجراءات وخطوات.

1. مرحلة تحديد المشروع:

وهنا يبدأ المشروع على شكل فكرة ثم يتم تحديد عناصرها الأساسية، حيث تخضع هذه الفكرة للدراسة والتحليل لغرض التأكد من مدى قابلية وصلاحية الفكرة للتنفيذ الفعلي. وتتضمن هذه المرحلة ناحيتين:

أ- التعرف على الفكرة الاقتصادية الاستثمارية كفرصة محتملة للاستثمار. ويستمد المستثمر أفكاره عن الفرص الاستثمارية من عدة وسائل:

- الاعتماد على الخبرات السابقة في مجال الأعمال.

- استقراء وتحليل خطط التنمية.

- دراسة وتحليل قوائم واردات البلد من السلع والخدمات.

ب- تحديد عناصر المشروع الاستثماري. فبعد التأكد من صلاحية الفكرة الاستثمارية تتحول هذه الفكرة إلى اقتراح استثماري محدد بعد انجاز الدراسة الأولية.

2. مرحلة إعداد وتحليل المشروع:

هنا يتم إعداد وتحليل المشروعات الاستثمارية والتي تتضمن عدداً من الخطوات أهمها:

أ- دراسة الجدوى الفنية الهندسية للمشروع الاستثماري، أي مدى إمكانية تنفيذه من الناحية الفنية.

ب- دراسة الجدوى التسويقية.

جـ- دراسة الجدوى المالية أو التمويلية.

د- دراسة الجدوى الاقتصادية والإجتماعية.

هـ- دراسة الجدوى القانونية.

و- دراسة الجدوى التنظيمية والإدارية.

وتعتمد دراسة الجدوى على أعداد تقرير مفصل عن نتائج دراسة الجدوى للمشروع الاستثماري الذي يعد أساساً موضوعياً لبدء مرحلة التقييم والمفاضلة.

3. مرحلة تقييم المشروع قبل التنفيذ:

بعد الانتهاء من دراسة الجدوى نصل إلى مرحلة التقييم والمفاضله بين المشروعات المختلفة، وهي دراسة تهدف إلى قياس كفاءة الاستثمار في ضوء أهداف ومعايير محددة مسبقاً. وتتضمن هذه قياس الكفاءة الإنتاجية للمشروع لتبيان درجة نجاح المشروع في استغلال الموارد الاقتصادية المتاحة، وكذلك قياس الكفاءة

الاقتصادية للمشروع والتي تعني قياس درجة مساهمة المشروع في تحقيق أهداف المجتمع. وتجدر الإشارة إلى أن مرحلة ما قبل الاستثمار تعتبر نقطة البداية للنشاط المتعلق بالاستثمار والتي تعرف أيضاً بدراسة الجدوى التمهيدية (الأولية). وتشتمل هذه المرحلة على تقديرات اجمالية تعتمد في الغالب على بيانات استرشادية لمشروعات مماثلة، أو ما يعرف بمصطلح (benchmarking). وتمثل هذه الدراسة نقطة البداية، حيث أن دراسة فرص الاستثمار هي أداة للتحديد الكمي للمعلومات والبيانات.

ويتوجب هنا إجراء دراسات وتحليلات تتعلق بالعناصر الآتية:

أ- المناخ العام للاستثمار.

ب- السياسات المالية والنقدية.

ج- معدلات نمو السكان واتجاهات الطلب.

د- التكامل والترابط مع الصناعات والمشروعات الأخرى.

هـ- توفر خدمات عوامل الانتاج وتكاليفها.

و- تحديد الاستراتيجيات العامة للتسويق.

ز- دراسة الأثر البيئي للمشروع.

وتتميز دراسة الفرص الاستثمارية بكونها قليلة التكاليف وتقوم بإعدادها الوزارات أو الهيئات المعنية بالاستثمار أو هيئات ترويج الاستثمار أو اتحاد الصناعات أو مصارف التنمية أو حتى المكاتب الاستشارية المتخصصة. وتشتمل دراسة الفرص الاستثمارية عادة على: وصف المشروع، والمنتجات الأساسية، ومبررات إقامة المشروع، والطاقة الإنتاجية المقترحة ومصادر التكنولوجيا، وفرص التسويق، والمستلزمات الانتاجية، والعماله المطلوبة، ورأس المال المطلوب (الثابت والتشغيلي) والمؤشرات الماليه للمشروع.

3.1 أهمية وفائدة دراسات الجدوى الاقتصادية

حيث أن المشروع الاستثماري هو اللبنه الأساسية في الاقتصاد الوطني والمكوّن الرئيسي من مكونات عملية التنمية الاقتصادية فلابد من الاهتمام بتحديد ودراسة وتقييم ثم اختيار المشروعات الناجحة والتي تساهم في عملية التنمية والتقدم الاقتصادي. ولهذا فقد حظي موضوع دراسات الجدوى الاقتصادية للمشروعات الاستثمارية بأهمية كبيرة، وخاصة في البلدان المتقدمة وخصوصاً في أعقاب الحرب العالمية الثانية وذلك بهدف تحقيق الاستخدام الأمثل للموارد الاقتصادية. فقد حدث تطور كبير في مناهج تقييم المشروعات وذلك منذ أن ظهرت الفكرة في ثلاثينات القرن الماضي وحتى الآن. حيث بدأت الولايات المتحدة الأمريكية المحاولات الاولى لتطبيق هذا المنهج على مشروعات الري وتوليد الطاقة والكهرباء في منتصف الثلاثينات من القرن الماضي. ثم تعددت محاولات التطوير على المستويين النظري والتطبيقي بعد ذلك وشملت المناهج وأساليب التسعير وكيفية تعديلها ومعدلات الخصم وكيفية تحديدها وكذلك إمكانية التطبيق على المشروعات العامة والخاصة وأساليب التحليل وعناصره[(7)].وقد انعكس ذلك بالاهتمام والتركيز على دراسات جدوى المشروعات الاستثمارية بهدف انجاح تلك المشروعات وتقليص درجة المخاطره والفشل فيها.

أما في البلدان الناميه فلم يحظى هذا الموضوع باهتمام البلدان المذكورة حتى العقود الأخيرة من القرن الماضي (القرن العشرين) وذلك بالرغم من أهميته الكبيرة لهذه البلدان والتي تتميز بمحدودية وضعف استغلال مواردها الاقتصادية. ولهذا السبب تجد بأن العديد من المشروعات الاستثمارية التي تأسست في البلدان النامية لم تحقق النتائج المرجوه منها، وذلك لأنها لم تستند بالأساس على دراسات جدوى مناسبة، الأمر الذي أدى إلى تعثر أو فشل العديد من تلك المشروعات. وقد انعكس ذلك الفشل في انخفاض مستوى استغلال الطاقات الإنتاجية أو اعتمادها

الكبير على مواد خام ومستلزمات انتاج مستوردة من الخارج مما ينعكس في انخفاض مكوّن القيمة المضافة لديها. وكل ذلك إنعكس بدوره في ارتفاع تكاليف الإنتاج وانخفاض الأرباح أو تحقق الخسائر المالية فضلاً عن فشلها في الوصول إلى الأسواق الخارجية من أجل التصدير.

ومن هنا يتعين على البلدان الناميه، بشكل خاص، أن تهتم اهتماماً أكبر بدراسات الجدوى الاقتصادية للتأكد من سلامة وإمكانية نجاح المشروعات الاستثمارية بغية تحقيق الأهداف التنموية المؤملة منها وتحقيق الاستغلال الأمثل للموارد الاقتصادية المحدودة أصلاً في هذه البلدان بشكل خاص(8).

وعليه فان دراسات الجدوى الاقتصادية تمثل أداة علمية من شأنها أن تجنب المستثمر التعرض إلى المخاطر، إذ أن مثل هذه الدراسات تسبق اتخاذ القرار الاستثماري. وعندما يتم التأكد من صلاحية المشروع وجدواه فإن المستثمر يشعر بالطمأنينة بالحصول على العوائد المناسبة على رأس المال المستثمر. ومن هنا فإن دراسة الجدوى الاقتصادية تمثل الأداة التي يستعين بها متخذ القرار الاستثماري لتحقيق أفضل تخصيص ممكن للموارد الاقتصادية(9).ولهذا السبب فإن دراسة الجدوى الاقتصادية تمثل ضمانة لنجاح المشروع الاستثماري وهي بمثابة صمام الأمان ضد احتمالات تبديد الأموال المستثمرة. وأن ما يعزز أهمية دراسات الجدوى الاقتصادية بشكل أكبر في الوقت الحاضر هو سيادة العولمه والانفتاح الاقتصادي فيما بين دول العالم المختلفة والذي يدفع باتجاه اشتداد حدة التنافسية، الأمر الذي يدفع المشروع الاستثماري إلى ضرورة التأكد من جدواه ونجاحه.

ولهذا فقد اتجهت البلدان الناميه التي تشجع الاستثمار (سواء الوطني منه أو الأجنبي) وإلى عدم منح التراخيص لمزاولة النشاطات الإقتصادية إلا بعد تقديم دراسات الجدوى الاقتصادية والتأكد من ضمان جدواها. كما أن المؤسسات المالية

الدولية، وفي مقدمتها البنك الدولي، تشترط تقديم دراسات الجدوى عند منح المساعدات لأغراض إقامة المشروعات التنموية في البلدان النامية.

وإضافة إلى ما سبق فإن دراسات الجدوى تساعد على التعرف على التغيرات الاقتصادية والسياسية والقانونية المتوقع حدوثها في المستقبل. ومن خلال استخدام تحليلات الحساسية يمكن الوقوف على تأثير التغيرات المتوقعة على التكاليف وعلى العوائد المتوقعه من تلك المشروعات. ومن هنا فإن دراسات الجدوى تجعل عملية تحليل المخاطر المتوقعة من إقامة المشروعات عملية دقيقة وعلمية.

هوامش الفصل الأول

(1) للمزيد من التفاصيل حول هذا الجانب:

- د. حمدي عبد العظيم، دراسات الجدوى الاقتصادية وتقييم المشروعات، الطبعة الثانية، 1999 .
- د. سعد طه علام، دراسات الجدوى وتقييم المشروعات، دار طيبة للنشر والتوزيع والتجهيزات العلمية، ج.م.ع، 2004 .
- د. محمد ابراهيم عبد الرحيم، دراسات الجدوى الاقتصادية وتقييم أصول المشروعات، مؤسسة شباب الجامعة، الاسكندرية، 2007 .
- د. هوشيار معروف، دراسات الجدوى الاقتصادية وتقييم المشروعات، دار صفاء للنشر والتوزيع، عمان، الطبعة الأولى، 2004 .
- د. سمير عبد العزيز، دراسات الجدوى الاقتصادية وتقييم المشروعات، مكتبة النهضة المصرية، القاهرة، 1995 .
- د. كاظم جاسم العيساوي، دراسات الجدوى الاقتصادية وتقييم المشروعات, دار المناهج, الطبعة الأولى، 2002 .

(2) د. هوشيار معروف، نفس المرجع، ص15 .

(3) نفس المرجع، ص19 .

(4) د. محمد ابراهيم عبد الرحيم، نفس المرجع، ص15 .

(5) د. مدحت القريشي، الاقتصاد الصناعي، دار وائل للنشر والتوزيع، الطبعة الثانية، عمان، 2005، ص ص 20-24 .

(6) د. محمد ابراهيم عبد الرحيم، مرجع سابق، ص ص (2-20).

(7) د. سعد طه علام، مرجع سابق، ص ص 5-6 .

(8) قارن د. كاظم جاسم العيساوي، مرجع سابق، ص ص (40-42) .

(9) قارن د. حمدي عبد العظيم، مرجع سابق، ص6 .

الفصل الثاني

أنواع دراسات الجدوى الاقتصادية

1.2 دراسات الجدوى الاولية

2.2 دراسات الجدوى الاقتصادية التفصيلية

3.2 دراسات الجدوى الفنية (الهندسية)

الفصل الثاني

أنواع دراسات الجدوى الاقتصادية

لا شك ان نجاح أو فشل المشروع الاستثماري يتوقف على مدى سلامة القرار الاستثماري الذي تتخذه الجهة المسؤولة عن المشروع، وان سلامة القرار المذكور تتوقف بدورها على مدى توفر البيانات والمعلومات الملائمة ودرجة دقتها وواقعيتها وشمولها لكافة جوانب المشروع الفنية والقانونية والادارية والتسويقية والمالية والاقتصادية .. الخ. وعليه فمن المهم ان تُستمد هذه البيانات من خلال الدراسات المستفيضة لجميع جوانب المشروع والتي تُعرف بدراسات الجدوى (Feasibility Studies). ويمكن تعريف دراسات الجدوى بأنها مجموعة الاساليب العلمية المستخدمة في تجميع البيانات وتحليلها للوصول إلى نتائج تتحدد على أساسها صلاحية المشروع الاستثماري. وحيث ان دراسات الجدوى تكلف مبالغ ليست بالقليلة لهذا نجد بانها عادة ما يتم اعدادها على مراحل عدة هي:

1. مرحلة اعداد الدراسة الاولية.
2. مرحلة اعداد الدراسة التفصيلية.
3. مرحلة اعداد الدراسة الفنية (الهندسية).

وقد تكون الدراسة الفنية جزءاً من الدراسة التفصيلية أو قد تكون دراسة مستقلة.

وفيما يلي شرح موجز لكل واحدة من الدراسات المذكورة أعلاه.

1.2 دراسة الجدوى الاولية: (Preliminary Feasibility Study)

تختص هذه الدراسة بتحديد الجوانب العامة للمشروع الاستثماري المقترح والتي يمكن من خلالها الحكم، من حيث المبدأ، على مدى صلاحية المشروع

والتأكد من عدم وجود مشكلات جوهرية يمكن ان تعوق تنفيذ المشروع أو تعرقل امكانات نجاحه المستقبلي. ومن خلال هذه الدراسة يمكن الحكم على امكانية المضي قدماً في اجراء دراسة جدوى تفصيلية للمشروع، أو بعكسه التخلي عن فكرة إقامة المشروع. وعليه فان أهمية هذه الدراسة تكمن في امكانية استبعاد الافكار الاستثمارية غير الصالحة في مرحة مبكرة من دراسة الجدوى. وتتضمن هذه الدراسة تجميع البيانات والمعلومات المطلوبة للتمكن من الحكم المبدئي على امكانية نجاح أو فشل المشروع. وتغطي هذه البيانات البيئة الاجتماعية والثقافية والسياسية والاقتصادية والقانونية وبيانات عن حجم السوق والمدخلات اللازمة.

وتجدر الاشارة إلى أن الدراسة التفصيلية غالباً م ا تكلف الاموال الكبيرة في حين ان دراسة الجدوى الاولية لا تكلف الكثير من الاموال، لانها لا تتطلب الفحص الدقيق والتفصيلي، بل أنها تركز على الاشياء التي يمكن ان تجعل تنفيذ المشروع أمراً صعباً أو مستحيلاً. وعليه فان دراسة الجدوى الاولية هي بمثابة وسيلة عملية وعلمية توضح للمستثمر احتمالات النجاح والفشل المبدئي للمشروع، وبالتالي فان نتيجة الدراسة المبدئية ليس تنفيذ المشروع من عدمه وانما من أجل اقرار امكانية المضي في اجراء الدراسة التفصيلية للمشروع.

وتركز دراسة الجدوى الاولية على جملة من النقاط الاساسية مثل:

1. مدى الحاجة إلى منتجات المشروع.
2. الموانع الجوهرية التي تقف بوجه المشروع مثل الموانع القانونية والتشريعية.
3. مدى توفر المتطلبات الاساسية مثل المواد الخام والايدي العاملة وغيرها من مستلزمات الانتاج ومقدار تكاليفها.
4. الوقوف على البيئة الاقتصادية والظروف البيئية والاجتماعية، وتشمل هذه العادات والتقاليد الاجتماعية والمناخ الاستثماري العام.

5. الوقوف على ظروف الصناعة بشكل عام والنشاط موضوع البحث بوجه خاص، ونوع التكنولوجيا المطلوبة للمشروع وامكانية توفرها.
6. وأخيراً امكانيات تحقيق مستويات مقبولة من الارباح.

ويمكن ان تختص دراسة الجدوى الاقتصادية بجوانب مختلفة من النشاط الاستثماري ومنها:

1. انشاء مشروعات جديدة.
2. التوسع في مشروعات قائمة.
3. الاحلال والتجديد، ويقصد به استبدال آلة أو ماكنة محل أخرى، أو خط انتاجي محل آخر.
4. التطوير التكنولوجي وذلك باستخدام اسلوب جديد من الاساليب التكنولوجية.

2.2 دراسة الجدوى الاقتصادية التفصيلية[1]

(Detailed Economic Feasibility Study)

بعد أن يتم التأكد من ان الدراسة الاولية تشير الى وجود جدوى للمشروع يتم الانتقال إلى مرحلة اعداد الدراسات الاقتصادية التفصيلية، وبذلك فان الدراسة الاولية والدراسة التفصيلية تكمل كل منهما الاخرى. والدراسة التفصيلية هي بمثابة دراسة متخصصة وداعمة للدراسة الاولية وتشمل كافة جوانب المشروع المقترح وبقدر مقبول من الدقة والشمول بحيث تستطيع ادارة المشروع اتخاذ قرارها النهائي بخصوص تنفيذ المشروع.

وتزداد أهمية مثل هذه الدراسات، وخصوصاً بالنسبة للمشروعات الكبيرة التي تتطلب رؤوس أموال كبيرة. وعليه فان الدراسة التفصيلة تغطي الجوانب الفنية والهندسية والتكنولوجية والبيئية والتسويقية والتنظيمية والاقتصادية والمالية. وقد يتم

دمج جوانب الدراسة الفنية ضمن الدراسة الاقتصادية التفصيلية أو قد يتم فصلها في دراسة مستقلة.

وتهدف الدراسة التفصيلية إلى تشخيص جدوى الاستثمار أو مشروع انتاجي معين للتحقق النهائي من الربحية المتوقعة من الاستثمار وذلك من خلال تحليل مقارن للتدفقات الصافية من العوائد والتكاليف المتوقعة وذلك بالاعتماد على مؤشرات ومعايير دقيقة للوصول إلى اتخاذ قرار محدد بشأن الاستثمار.

وتكمن أهمية دراسة الجدوى الاقتصادية التفصيلية في حقيقة أنه لا يمكن الاعتماد على نتائج الدراسة الاولية (التمهيدية) حتى ولو كانت ايجابية في تبني القرار الاستثماري، لان الدراسة المذكورة لا توضح إلا الخطوط العامة ولا بد من دراسة جدوى تفصيلية دقيقة وشاملة للتحقق النهائي واتخاذ القرار الحاسم حول المضي بتنفيذ المشروع. وينتج عن الدراسة التفصيلية اعداد جداول تفصيلية للتكاليف الاستثمارية المبدئية وتكاليف التشغيل السنوية المتوقعة، وكذلك الايرادات السنوية المتوقعة لكل سنوات عمر المشروع اضافة إلى مصادر التمويل ...الخ. ويقوم باعداد دراسات الجدوى التفصيلية مجموعة من الخبراء من مختلف الاختصاصات.

وتتضمن دراسة الجدوى الاقتصادية التفصيلية الدراسات الفرعية والجوانب الاتية:

1.2.2 الدراسة التسويقية:

تعتبر الدراسة التسويقية من أهم جوانب الدراسة التفصيلية التي تجري لغرض الحكم على جدوى المشروع الاستثماري، اذ انها تتناول جانباً وثيق الصلة بالايرادات المتوقعة. حيث أنه من غير المعقول ان يقوم المستثمر بانتاج حجم معين

من المنتجات دون المعرفة المسبقة بمدى استيعاب السوق لمنتجاته. كما ان نتائج هذه الدراسة تصب في دراسة الجوانب المالية والتجارية.

ويتعين تحديد حجم واتجاهات الطلب على منتجات المشروع المقترح (سواء الطلب المحلي أو الطلب الخارجي) وكذلك دراسة وتحليل العوامل المحددة للطلب، ومرونة الطلب السعرية والدخلية وكذلك تطور ونمو الانتاج للسلع المماثلة من المشروعات القائمة، وكذلك الصادرات والاستيرادات من تلك السلع وتقدير حصة المشروع من السوق المحلية. وتستخدم لاغراض التنبؤ بالطلب المستقبلي الاساليب الاحصائية والقياسية المختلفة، البسيطة منها وغير البسيطة، والتي تشتمل على المسوحات الميدانية والسلاسل الزمنية ومرونات الطلب واساليب الارتباط والانحدار.

2.2.2. دراسة الجدوى البيئية:

تهدف هذه الدراسة إلى الوقوف على البيئة الاقتصادية والاجتماعية والسياسية والادارية التي تتميز بها الدولة التي يعمل داخلها المشروع الاستثماري. ومن الطبيعي ان يكون للبيئة المذكورة تأثير مباشر أو غير مباشر على المشروع. وتشمل هذه العوامل التعرف على مدى استقرار النظام السياسي والاقتصادي، والتعرف على السياسات الاقتصادية التي سوف يعمل في اطارها المشروع المقترح. ويتم في هذه الدراسة تجميع البيانات والمعلومات عن الدخل الوطني ومكوناته، والقطاعات الاقتصادية ومعدلات نموها، والاستثمارات في هذه القطاعات والصادرات والواردات وحجم السكان والسلوك الاستهلاكي للافراد. ومعلوم ان مثل هذه المعلومات سوف تمكّن المشروع من اتخاذ قراراته الاستثمارية.

3.2.2 الدراسة القانونية:

وتهدف هذه الدراسة الى معرفة وتحديد الصلاحية القانونية للمشروع الاستثماري المقترح، أي التأكد من عدم وجود قوانين وتعليمات تمنع قبول المشروع. ولهذا لا بد من معرفة القوانين التي سيعمل بموجبها المشروع، وكذلك الاجراءات المطلوبة لقيام المشروع. ومن هنا يتعين الوقوف على كافة القوانين والتعليمات ذات العلاقة باقامة وتأسيس المشروع والقيام بمهامه الانتاجية، ونوع الحوافز المتوفرة للاستثمار.

4.2.2 دراسة الجدوى التمويلية:

تختص هذه الدراسة بتحقيق الاهداف الاتية:

1. تحديد مصادر وامكانيات حصول المشروع على الموارد المالية المختلفة، مع تكلفة الحصول عليها. اذا ان مقدار العائد المتحقق من القروض يرتبط بشروط تلك القروض التي يحصل عليها المشروع، والتي تتضمن فترة السماح قبل البدء بتسديد القروض، وسعر الفائدة، ومقدار القرض.
2. تقدير التكلفة لكل هيكل تمويلي معين.
3. الاختيار بين الهياكل التمويلية المختلفة بما يحقق هدف المشروع بشكل افضل من حيث تحديد قدرة المشروع على الوفاء بالتزاماته المالية. وعليه تركز هذه الدراسة على الجوانب الثلاثة المذكورة أعلاه وكما يأتي:

1. تحليل الهيكل التمويلي للمشروع، ويقصد به تحديد مصادر واستخدامات الموارد المالية المختلفة، وتحديد أوقات تدفقها عبر سنوات العمر الاقتصادي للمشروع. وتنقسم مصادر أموال المشروع الى قسمين:

أ- راس المال المملوك والذي يمثل الاموال الذاتية التي يقدمها اصحاب المشروع. ويتخذ هذا النوع من التمويل شكل حصص عينية أو نقدية

ب- أو اسهم، ويظل هذا النوع من راس المال لدى المشروع حتى تتم تصفيته.

ت- راس المال المقترض والذي يتمثل في السندات والقروض بنوعيها الطويلة الأجل والقصيرة الأجل. ويتم الحصول على رأس المال من مصادر التمويل المختلفة (المحلية والاجنبية). فالمصادر طويلة الاجل تتضمن السندات والقروض طويلة الاجل والتي يحصل عليها المشروع من الغير، وعادة ما يتم سدادها قبل نهاية عمر المشروع، وتستخدم لتمويل رأس المال الثابت. أما المصادر قصيرة الاجل فتتمثل بالقروض قصيرة الاجل والتي تستخدم لتمويل راس المال اللازم لدورة التشغيل الاولى. وتشمل هذه القروض نوعين: (1) الائتمان التجاري والمتمثل في قيمة المشتريات الآجلة التي يحصل عليها المشروع من الموردين و (2) الائتمان المصرفي والمتمثل بما يحصل عليه المشروع من قروض وسلفيات من المصارف والتي يتعين تسديها خلال فترة لا تزيد على سنة.

وتجدر الاشارة الى أن هيكل التمويل الامثل هو الذي يحقق اقصى ربح لمالك المشروع أو أقصى قيمة سوقية للسهم. وتلعب عوامل عديدة دورها في تخطيط الهيكل المالي للمشروع ومنها:

أولاً، النسبة بين الاموال المقترضة واجمالي الاصول، ويطلق عليها الرفع المالي (Financial Leaverage) وثانياً، الملائمة ويقصد بها ملائمة الاموال المتحصل عليها لكافة انواع الاصول الموجودة لدى المشروع: فالاصول الثابتة يتم تمويلها بالقروض طويلة الاجل أو أموال الملكية، بينما يتم تمويل الاصول المتداولة عن طريق القروض قصيرة الاجل.

2. تحديد معدل تكلفة الاموال: ويقصد بها الثمن الذي يتم دفعه للحصول على الاموال والذي يتضمن سعر الفائدة وعلاوة أو خصم اصدار السندات

ومصروفات الاصدار الخ. وان القرض كمصدر للاموال يعتبر أرخص من الملكية. والاسهم الممتازة بدورها أرخص من الاسهم العادية ولكنها ليست أرخص من القروض.

3. الاختيار بين الهياكل التمويلية، بما يحقق المرونة والتي تعني القدرة على تطويع الهيكل المالي للمشروع لاحتياجاته التي تنشأ من الظروف المتغيرة. ومن أوجه المرونة هي مقدرة المشروع على توفير السيولة اللازمة لعمل المشروع ولمواجهة جميع التزاماته.

5.2.2 جوانب أخرى للدراسة الاقتصادية التفصيلية

وتتضمن الدراسة الاقتصادية التفصيلية جوانب أخرى، اضافة إلى ما ذكر آنفاً، وأهم هذه الجوانب ما يأتي:

1. تقدير التكاليف الاستثمارية للمشروع[(2)]

تختص هذه الدراسة بتقدير حجم الانفاق الاستثماري، الثابت والتشغيلي. فالاتفاق الاستثماري الثابت يتضمن التكاليف الاستثمارية التي تتطلبها عملية اقامة وتشييد المشروع حتى يبدأ بالانتاج، ويتضمن ذلك الاصول الثابتة الملموسة (المادية) والاصول الثابتة غير الملموسة والتي تستخدم في المشروع طيلة عمره الاقتصادي. وتشتمل الاصول غير الملموسة على حقوق براءات الاختراع والاسماء التجارية، فيما تتضمن الاصول الملموسة الاراضي والمباني والمكائن والمعدات والالات وقطع الغيار والصيانة والخزن والنقل والدعاية والاعلان والتأمين وتكاليف التدريب. أما تكاليف راس المال التشغيلي فتمثل الانفاق على عملية تشغيل المشروع لاغراض الانتاج الاعتيادي والتي تتضمن الاصول الجارية (Current Assets) وهي النقد (cash) والحسابات المستحقة والتي تستخدم في دفع الاجور وفواتير مختلفة للكهرباء والماء الخ. وكذلك المخزون من المدخلات والمنتجات

نصف المصنعة والمنتجات النهائية. وتنشأ الحاجة إلى راس المال التشغيلي خلال الفترة الزمنية التي تمتد من بداية التدفقات النقدية الخارجة حتى بداية التدفقات النقدية الداخلة.

وإلى جانب اختلاف طبيعة كل من الانفاق الاستثماري الثابت والانفاق التشغيلي فهناك اختلاف آخر بينهما يتمثل في الفترة الزمنية اللازمة لاسترداد الاموال التي تنفق على المشروع. فاسترداد راس المال التشغيلي ينبغي ان يتحقق خلال فترة محددة بدورة الانتاج، في حين ان الانفاق الاستثماري الثابت يتم استرداده خلال فترة من السنين.

2. تقدير تكاليف الانتاج السنوية:

وتعتبر تكاليف الانتاج السنوية مهمة جداً بالنسبة للمشروع لانها تمكّن من حساب الارباح السنوية وذلك من خلال طرح اجمالي التكاليف الانتاجية السنوية من العوائد السنوية. وتقسم التكاليف الانتاجية السنوية الى قسمين:

أ- تكاليف الانتاج الثابتة (Fixed Production Costs)

ب- تكاليف الانتاج المتغيرة (Variable Production Costs)

وتشتمل التكاليف الانتاجية الثابتة السنوية على:

- ايجار الارض والمباني.
- الاهتلاكات بالنسبة للالات والمعدات ووسائط النقل والاثاث وكذلك المباني، اضافة الى مصاريف التأسيس.
- الاجور والمرتبات الثابتة (وتشمل رواتب الموظفين الاداريين والمهندسين) والمصاريف الادارية (مثل بدلات السفر والادوات المكتبية ومصاريف نثرية) ومصاريف اخرى.

أما التكاليف الانتاجية المتغيرة فتشمل:

- الاجور المتغيرة (اجور الفنيين والعاملين من غير الفنيين) والمواد الاولية وتكاليف الماء والكهرباء والوقود، ومصاريف الصيانة بالنسبة للاصول الثابتة وتكاليف التسويق المباشرة وتكاليف اخرى.

3. احتياجات المشروع من مستلزمات الانتاج

تتطلب العملية الانتاجية توفير الاحتياجات من المواد الخام والسلع الوسيطة بالكميات المطلوبة والمواعيد المناسبة موزعة على مدار السنة. ولهذا الغرض تتم دراسة توفير الرصيد المناسب من خزين المواد الخام وغيرها من مستلزمات الانتاج مع الاخذ في الاعتبار نسبة الهدر والضياع.

4. احتياجات المشروع من القوة العاملة

وتتطلب العملية الانتاجية أيضاً تقدير الاحتياجات من العمالة بالاختصاصات المختلفة الفنية والادارية وحسب سنويات المهارة وذلك بالنسبة للعمالة الدائمة. أما الاحتياجات من العمالة خلال فترة الانشاء فتتمثل في مجموعة الاداريين والفنيين الذين يتولون مهمة الاشراف على تنفيذ المشروع. ومعلوم ان جزءاً من هؤلاء ينتهي عملهم بالانتهاء من تنفيذ المشروع مثل المهندسين والمعماريين والمدنيين والفنيين المتخصصين في الانشاء والتركيب. ويتم أيضاً تقدير حجم الاجور والمرتبات لمختلف انواع العاملين في المشروع خلال السنة.

5. تقدير العوائد المتوقعة من المشروع:

هنا يتم تقدير العوائد السنوية المتوقعة من المشروع والتي تمثل صافي المبيعات من السلع المنتجة والعوائد من الخدمات المختلفة التي يمكن أن يقدمها المشروع للمشروعات الاخرى. ويتم ذلك في ضوء الكميات المباعة والاسعار. ومن خلال طرح التكاليف الانتاجية من اجمالي العوائد السنوية نحصل على صافي العوائد (الارباح). وهنا يتم تقدير حجم الصرف الاجنبي اللازم لعملية تأسيس المشروع ومن ثم تشغيله فيما بعد والناجمة عن تصدير المنتجات إلى خارج البلد

وكذلك عن استيراد المستلزمات الانتاجية المختلفة من مكائن ومعدات ومواد وخبرات ... الخ.

3.2 دراسة الجدوى الفنية (الهندسية)[3]

تمثل هذه الدراسة أحد الأركان الأساسية في دراسات الجدوى الاقتصادية. وتهدف هذه الدراسة إلى الوقوف على امكانية تنفيذ المشروع من الناحية الفنية. وتتم هذه الدراسة من قبل فريق من المتخصصين في المجالات المختلفة الهندسية والانشائية والاحصائية وغيرها من الاختصاصات ذات العلاقة. وتحظى الدراسة الفنية بأهمية كبيرة، لان الكثير من الجوانب المختلفة للدراسة الاقتصادية التفصيلية يعتمد على مخرجات الدراسة الفنية. ذلك لان اختيار البدائل الفنية المتاحة المناسبة للمشروع من شأنه ان يؤثر ايجابيا على جدوى المشروع من الناحية الاقتصادية حيث تنعكس على تكاليف الاستثمار وعلى تكاليف الانتاج، وبالتالي ربحية وجدوى المشروع. وعليه فان عدم دقة وواقعية الدراسة الفنية يترتب عليها تداعيات خطيرة بالنسبة لنجاح أو فشل المشروع، اذ ان ذلك ينعكس على الجوانب المالية والتسويقية والانتاجية. وعليه فان عدم الاهتمام بمثل هذه الدراسات قد يتسبب باضرار مختلفة تنعكس في ظهور الاختناقات بين خطوط الانتاج، او الاختيار غير الملائم للأساليب الفنية في الانتاج، وربما ينعكس ذلك في ارتفاع تكاليف الحصول على التكنولوجيا المطلوبة للانتاج.

وتتضمن الدراسة الفنية الجوانب الاتية:

1. وصف المشروع.
2. اختيار الموقع الملائم للمشروع.
3. اختيار التكنولوجيا الملائمة.
4. تحديد متطلبات المشروع من المستلزمات الضرورية.

5. التقييم البيئي للمشروع.

6. تقدير العمر الاقتصادي للمشروع. وفيما يأتي شرح موجز لكل جانب من الجوانب المذكورة.

1. وصف المشروع:

ويتضمن هذا الجانب النقاط الاساسية الاتية:

أ- تحديد المنتجات الرئيسية والثانوية للمشروع والمواصفات الفنية لكل منها.

ب- تحديد الطاقة الانتاجية للمشروع من كل منتج من منتجات المشروع وذلك في ضوء دراسات السوق (الطلب).

ج- وصف المراحل الفنية التي تمر بها العملية الانتاجية لكل منتج.

د- اعداد الخرائط والرسومات والتصاميم الهندسية للمشروع.

هـ- اعداد جدول زمني يوضح مراحل انشاء وتنفيذ المشروع.

2. اختيار الموقع الملائم للمشروع:

وتعتبر مسألة اختيار الموقع الملائم للمشروع من أهم اهداف الدراسة الفنية، ذلك لان اقامة المشروع في موقع غير ملائم قد يكون سبباً في فشل المشروع وتصفيته في نهاية المطاف. ومن العوامل الاساسية التي تؤثر في عملية الاختيار هي طبيعة المشروع وطبيعة التربة الملائمة (سواء بالنسبة للمشروعات الزراعية أو الصناعية) ومدى القرب من مصادر المواد الخام والطاقة ومنافذ التسويق ومدى توفر الخدمات الاساسية والعمالة بأنواعها ومدى توفر الارض بأسعار رمزية. وكل هذه المستلزمات بالنهاية تنعكس على تكاليف النقل (للمواد الخام وللمنتجات النهائية) وتكاليف الانتاج النهائية.

3. اختيار التكنولوجيا الملائمة:

هناك، في معظم الحالات، تكنولوجيات مختلفة لانتاج السلع، والمطلوب هو اختيار التكنولوجيا والفن الانتاجي الملائم، سواء من الناحية الفنية أو من الناحية الاقتصادية. وتتأثر عملية الاختيار بعوامل عديدة أهمها: طاقة المشروع الانتاجية، ونوعية المواد الخام المتوفرة، وحجم ونوع العمالة المتوفرة، وهيكل السوق، وشروط الحصول على التكنولوجيا .... الخ.

فبالنسبة لطاقة المشروع فانه يتعين ان لا يقل حجم المشروع عن حد أدنى معين والا ارتفعت التكاليف الانتاجية للوحدة وانعدمت وفورات الحجم. وعليه فان اختيار الحجم الملائم للمشروع يمكن ان يحقق المزايا والوفورات المطلوبة. أما نوعية الموارد المتوفرة فيتعين ان تتلائم هذه الموارد ووفرتها مع متطلبات التكنولوجيا المختارة والا فان المشروع سوف يضطر إلى اللجوء لاستيراد الموارد المذكورة من الخارج. وبخصوص العمالة ومدى توفرها النسبي حسب النوعيات والمستويات المختلفة فان ذلك لا بد ان يؤثر على نوع النكتولوجيا التي يتم اختيارها. اذ ان شح العمالة في البلد المعني يدفع المشروع الى اختيار التكنولوجيا كثيفة راس المال (Capital Intensive Technology) أو الاضطرار الى استيراد العمالة من الخارج، وخاصة العمالة الفنية، وبما في ذلك من استنزاف لمنافع المشروع بالنسبة للاقتصاد الوطني. اما في حال توفر العمالة بشكل يفوق الحاجة وشيوع حالة البطالة فان ذلك يشجع المشروع على استخدام التكنولوجيا كثيفة لعمل (Labor-Intensive Technology). ومعلوم ان هناك ايجابيات وسلبيات لكل من هذين النوعين من التكنولوجيا.

وبخصوص السوق الملائم للمشروع فقد يكون الانتاج مخصصاً للتصدير أو إلى السوق المحلي، وبالتالي فان ذلك يؤثر على نوع التكنولوجيا المختارة. أما شروط الحصول على التكنولوجيا وتكلفتها فان عقود التكنولوجيا تحتوي على بعض

العناصر التي قد تختلف من مصدر لآخر، وذلك في مجال اسلوب الحصول على التكنولوجيا، وفي مجال تحديد عناصر التكنولوجيا المستوردة، وامكانية الحصول على التطورات التي تحدث في التكنولوجيا بعد عملية التعاقد، وطريقة الدفع، وتحديد حقوق البيع في بعض المناطق، ومصادر الحصول على المواد وقطع الغيار، وتدريب العناصر الوطنية على استخدام التكنولوجيا، وتكلفة الحصول عليها.

4. تحديد متطلبات المشروع من المستلزمات الضرورية:

وتشمل هذه المتطلبات تحديد نوع المكائن والمعدات والالات والمواد الخام وقطع العيار والعمالة (كماً ونوعاً) والتجهيزات الاخرى ووسائل النقل ومواد التعبئة والتغليف والوقود ... الخ.

5. الاثار البيئية للمشروع:

يتعين على المشروع الاستثماري المقترح دراسة الاثار البيئية للمشروع وذلك لضمان سلامة البيئة والتأكد من عدم إحداث تأثيرات سلبية على البيئة من جراء اقامة وتشغيل المشروع وذلك نتيجة لانبعاث الغازات المختلفة وطرح النفايات السائلة والصلبة الخطرة، وكذلك الروائح والاخطار الصحية الناتجة عن كل ذلك، اضافة إلى الضجيج والاهتزازات أو اتلاف وهدر الموارد الطبيعية للبلد.

وتكتسب هذه الفقرة في الدراسة الفنية أهميتها المتزايدة من واقع الوعي العالمي المتنامي بضرورة المحافظة على البيئة وذلك من خلال اصدار القوانين والتشريعات التي تلزم اصحاب المشروعات بتقييم الاثار البيئة لمشروعاتهم، والعمل على تلافي آثارها السلبية وذلك قبل النظر بأمر الموافقة على المشروعات المعنية. ويتعين على الجهات المختصة بالبيئة من ناحيتها العمل على تعزيز الوعي الشعبي بالامور المتعلقة بالبيئة وأهميتها الكبيرة في حياة الناس، سواء من الناحية الصحية أو الاقتصادية.

6. تقدير العمر الاقتصادي للمشروع:

تتطلب دراسة الجدوى تقدير العمر الاقتصادي للمشروع، أي الفترة الزمنية التي يكون فيها تشغيل المشروع مجدياً اقتصادياً. ويتحدد العمر الاقتصادي للمشروع بناء على تقديرات الخبراء الفنيين والاقتصاديين المتخصصين بالمشروعات المعنية. ويتأثر العمر الاقتصادي بعوامل كثيرة وفي مقدمتها معدل سرعة التطور التكنولوجي في المجالات المختلفة، ومعدل استقرار البيئة الاقتصادية والظروف الجوية، ونوع وشدة الاستخدام لمكائن ومعدات المشروع.

ومعلوم أن تأثير عمر المشروع ينعكس على اجمالي العوائد المالية المتولدة عن المشروع. فكلما طال عمر المشروع كلما ازداد اجمالي العوائد المالية المتولدة وهذا ينعكس ايجابياً على جدوى المشروع.

هوامش الفصل الثاني

(1) للمزيد من التفاصيل راجع:

- د. حمدي عبد العظيم، مرجع سابق، ص ص 65 – 88.
- د. سمير عبد العزيز، مرجع سابق، ص 23.

(2) قارن د. سمير عبد العزيز، نفس المرجع، ص ص 76 – 80.

(3) للمزيد من التفاصيل حول هذا الموضوع راجع.

- د. عبد القادر محمد عبد القادر عطية، دراسات الجدوى الاقتصادية والاجتماعية مع مشروعات BOT، الدار الجامعية، الاسكندرية 2005، ص ص 99 – 114.
- د. محمد ابراهيم عبد الرحيم، نفس المرجع، ص 67.
- د. حمدي عبد العظيم، نفس المرجع، ص ص 121 – 125.

الفصل الثالث

البيانات والمعلومات اللازمة لدراسة الجدوى الاقتصادية وتقييم المشروعات

1.3 التكاليف الاستثمارية

2.3 تكاليف الانتاج السنوية

3.3 المبيعات والدخل

4.3 الاحتياجات من القوة العاملة

5.3 هيكل رأس المال

6.3 الالتزامات المالية

7.3 التحليل المالي

8.3 القيمة المضافة

9.3 التدفقات النقدية

الفصل الثالث

البيانات والمعلومات اللازمة لدراسة الجدوى وتقييم المشروعات[1]

مقدمة:

تحتاج دراسة الجدوى إلى الكثير من البيانات والمعلومات التي يتعين توفيرها لاغراض انجاز الدراسة المذكورة. ويأتي الجزء الاعظم من هذه البيانات من الدراسة الاولية ومن الدراسة الاقتصادية التفصيلية والدراسة الفنية. وتوفر هذه الدراسات المصدر الاساسي للمعلومات، سواء الاقتصادية منها أو المالية أو الفنية. ومن أهم البيانات المطلوبة هي تلك المتعلقة بالتكاليف الاستثمارية بأنواعها المختلفة، وتكاليف الانتاج السنوية، والعوائد المتوقعة. وهناك الكثير من المعلومات التي تأتي من دراسة السوق والدراسات الهندسية والتكنولوجية التي تحدد احتياجات المشروع من المواد ومستلزمات الانتاج والقوة العاملة، اضافة الى المعلومات الهندسية والتكنولوجية والتي تأتي من الدراسة الفنية والمتعلقة بنوع وحجم المكائن والمعدات والتجهيزات الاخرى. وعليه فان التقييم النهائي للمشروعات يستند على كل هذه البيانات المبينة في جداول في نهاية هذا الفصل.

وفيما يأتي شرح موجز لأبرز الفقرات المتضمنة للبيانات التي تحتاجها دراسة الجدوى وتقيم المشروعات.

1.3 التكاليف الاستثمارية (Investment Costs)

وتمثل التكاليف الاستثمارية مجموع الاموال اللازمة لتنفيذ المشروع وتشغيله وتتكون التكاليف الاستثمارية من جزئين أساسيين هما:

1. الاستثمارات الثابتة (Fixed Investment) وتسمى أيضاً راس المال الثابت (Fixed Capital).
2. رأس المال التشغيلي (Working Capital).

1- الاستثمارات الثابتة

ان هذه الاستثمارات من نوع التكاليف طويلة الأجل وتتوزع على مدى العمر الانتاجي للمشروع. وتمثل هذه الاستثمارات كل ما يحتاجه المشروع من أراضي ومباني ومكائن ومعدات ووسائط نقل اضافة إلى المصروفات اللازمة لحين تشغيل المشروع، بما فيها مصاريف ما قبل التأسيس ومصاريف التشغيل التجريبي. وعند تقدير هذه الاستثمارات يتعين تحديد فترة انشاء المشروع وتوزيع هذه التكاليف على مدى فترة الانشاء. والجدول رقم (3-1) يبين جميع مكونات الاستثمار. وفي أدناه شرح موجز لكل فقرة من فقرات الاستثمارات الثابتة.

أ- اعمال الهندسة المدنية:

تخصص عادة مساحة أرض معينة للمشروع تكون كافية للمساحات المطلوبة، آنياً وللتوسعات المستقبلية. وهناك من يميل إلى تقدير مساحة الارض لتكون ما يقارب أربعة اضعاف مساحة البناء، وذلك تحسباً للتوسعات المستقبلية. ويخصص مبلغ معين أو نسبة مئوية من اجمالي هذه الفقرة يمثل تكاليف الهندسة الاستشارية، كما يضاف احتياطي بنسبة 5%. هذا وتغطي هذه الفقرة تكاليف الارض والبناء للمشروع.

ب- تكاليف المكائن والمعدات:

يتم اعداد جدول بأسماء المكائن والمعدات الواردة في العرض الخاص بالمشروع، ويوضع سعر الماكنة إلى جانب اسمها. ثم تضاف مصاريف البنك

والاخراج والتأسيس، أما في تقديرات منفصلة لكل من هذه الوحدات أو كنسبة مئوية من قيمة المكائن والمعدات. كما تضاف نسبة مئوية تمثل احتياطيا كأن تكون 10% من قيمة المكائن.

ج- **المعدات الكهربائية:**

ويقصد بها معدات الضغط العالي الكهربائية كالمحولات وقواطع الدورة ومنظم القدرة والمولدة وذلك حسب حاجة المشروع، مع كافة الكابلات اللازمة واجهزة التكييف (ان وجدت).

د- **وسائط النقل**

وتشمل السيارات الصغيرة والسيارات الانتاجية الكبيرة والرافعات الخ.

هـ- **مصاريف ما قبل التشغيل:**

وتمثل جميع المصاريف اللازمة من مرحلة الدراسات والتأسيس لحين بدء تشغيل المشروع وتشمل: مصاريف التأسيس والايجارات للأبنية المستخدمة عند تنفيذ المشروع، ومخازن للمكائن والمعدات وكافة المصاريف الاخرى من رواتب وأجور وتكاليف ايفادات وتراخيص وبراءات الاختراع واستشارات الخ. والقاعدة المحاسبية المتبعة في معالجة مثل هذه المصروفات هي اهلاكها على فترة لا تزيد على خمس سنوات.

و- **مصاريف التشغيل التجريبي**

يحتاج المشروع إلى تشغيل تجريبي لضبط المكائن والمعدات والعمليات الانتاجية، وقد تكون هذه الفترة عدة أيام أو شهر وتحسب لها مصاريف التلف في المواد الاولية والأجور والرواتب والمصاريف الأخرى.

2. راس المال التشغيلي (العامل) (Working Capital)

ويشير هذا إلى الاموال اللازمة لتدوير شؤون العمل، ويُمثل هذا الجزء من رأس المال مجموعة الأصول قصيرة الأجل والتي يتعين على المشروع استخدامها للوفاء بمتطلبات الدورة التشغيلية الأولى. ورغم ان هذا الجزء هو من الأصول المتداولة الا انه لا يمكن للمشروع التصرف به طوال عمر المشروع. ويتكون من الفقرات الاتية:

أ- الاصول الجارية (Current Assets): وهي النقد والحسابات المستحقة والتي تستخدم لمواجهة مصروفات التشغيل من مواد ورواتب وأجور وتكاليف البيع والطاقة.

ب- المخزون (Stock) من المدخلات والمنتجات النهائية ونصف المصنعة وقطع الغيار والوقود اللازم لدورة التشغيل الأولى.

ونظراً لأهمية راس المال التشغيلي في تسيير شؤون المشروع ونشاطاته اليومية ينبغي اجراء تقييم واقعي لحجم راس المال التشغيلي المطلوب وذلك للتاكد من مستوى الخزين المطلوب، وكذلك حجم التمويل والسيولة المطلوبة، وذلك لتجنب الاختناقات التي قد تحدث (بسبب شح السيولة أو عدم كفاية المواد الخام أو الخزين من البضاعة الجاهزة) ولتجنب تجميد راس المال لفترات طويلة في حالة كون حجم راس المال التشغيلي أكبر مما يجب.

وليس من السهولة تقدير راس المال التشغيلي بشكل دقيق، ولهذا يتعين العناية بطريقة التقدير لتكون دقيقة ومناسبة. ولكي تكون كذلك يجب ان تتم عملية التقدير من قبل متخصصين ومن ذوي الخبرة في المشروع المعني. وهناك من يستخدم طريقة مبسطة وسريعة للتقدير. وهناك آخرون يستخدمون طريقة تفصيلية لهذا الغرض. ومن بين الطرق الشائعة في التقدير طريقتان هما:

الاولى، طريقة النسبة المئوية.

الثانية، طريقة الدورة الانتاجية.

طريقة النسبة المئوية: إن هذه الطريقة مبسطة جداً ومباشرة، حيث يتم تقدير رأس المال التشغيلي على أساس نسبة معينة من التكاليف التشغيلية السنوية. وقد جرى العرف على استخدام النسبة 25% من التكاليف التشغيلية السنوية، أي المصاريف خلال ثلاثة شهور، بالنسبة للمواد الأولية، والوقود والاجور والطاقة الكهربائية والمياه ومصاريف الصيانة ومصاريف الاعلان والتسويق والمصاريف الادارية. وتستخدم النسبة ما بين 5 – 10% لاحتياطي الطوارىء، ونسبة 100% بالنسبة لايجار كل من الارض والمبنى (في حالة كونها غير مملوكة).[2]

طريقة الدورة الانتاجية: ان الدورة الانتاجية تتضمن ثلاثة مراحل وهي شراء المدخلات، ثم تصنيعها، ثم بيع المنتجات النهائية. ففي بداية التشغيل تكون هناك حاجة إلى تدفقات نقدية خارجه لغرض تصنيع المواد وشراء الوقود والامدادات ودفع الاجور والمرتبات. وفي نهاية الدورة توجد هناك تدفقات نقدية داخلة نتيجة لبيع المنتجات. وتنشأ الحاجة لرأس المال التشغيلي خلال الفترة الزمنية التي تمتد من بداية التدفقات النقدية الخارجة وبداية التدفقات النقدية الداخلة.

وتعتمد هذه الطريقة لتقدير رأس المال التشغيلي على تقدير فترة الدورة الانتاجية (بالأيام) ومن ثم ضرب النتيجة بمتوسط تكاليف التشغيل لليوم الواحد، وبموجب الخطوات الآتية:

- يتم حساب متوسط نفقات التشغيل لليوم الواحد، ولنفرض أنه يساوي (25) ألف دينار على أساس ان التكلفة السنوية هي 9125 الف دينار.
- ثم يتم تقدير عدد أيام الدورة الانتاجية على وفق الافتراضات الآتية:
  - ان فترة توفر المخزون للدورة الانتاجية (90) يوماً.
  - ان فترة التصنيع (دورة الانتاج) وهي يوم واحد.

- إن فترة تخزين البضاعة الجاهزة (30) يوماً.
- إن متوسط فترة الدفع عن المبيعات هي (20) يوماً.

وبعدها يتم جمع الفقرات أعلاه وتضرب في تكلفة التشغيل اليومية للتوصل إلى راس المال التشغيلي، كما يأتي:-

راس المال التشغيلي = 25 ألف دينار (90 يوم + 1 يوم + 30 يوم + 20 يوم)

= (25) الف دينار × (141) يوماً

= 3525 الف دينار.

وتجدر الاشارة إلى أنه يتم تقدير الفترات المطلوبة أعلاه في ضوء حاجة المشروع للمواد ومستلزمات الانتاج، والاستراتيجية المتبعة للدفع وفترة تجهيز المواد الاولية، من إجراءات استيرادها إلى وصولها المخزن، ومقدار وقت الخزن للبضاعة الجاهزة.

وفي حالة معرفة عدد شهور (أو أيام) الدورة الانتاجية فيمكن استخدام طريقة اخرى لتقدير رأس المال التشغيلي، والتي تعتمد على العلاقة بين اجمالي التكاليف التشغيلية السنوية ومعدل دوران رأس المال التشغيلي.[3]

راس المال الكلي :

ونحصل على راس المال الكلي (أو حجم الاستثمارات الاجمالية المطلوبة) للمشروع من خلال حاصل جمع الاستثمارات الثابتة وراس المال التشغيلي أي:

الاستثمارات الكلية = الاستثمارات الثابتة + راس المال التشغيلي.

وكما يلاحظ من الجدول رقم (3-1) المتعلق باستثمارات المشروع فهناك مرحلة زمنية محددة للانشاء، وتتوزع فقرات الاستثمار حسب مراحل انفاقها، وتصنف التكاليف حسب نوعها (محلية أو مستوردة) وحسب نوع العملة (محلية وأجنبية).

2.3 تكاليف التشغيل (الانتاج) السنوية (Operating Costs)

ان تكاليف التشغيل السنوية بطبيعتها مرتبطة بحجم طاقة انتاجية معينة، وان عملية تقديرها يستلزم تقدير الاحتياجات السنوية للمشروع من المواد الخام ومستلزمات الانتاج والسلع الوسيطة وقطع الغيار وتقدير القيمة السنوية من القوى المحركة والمياه وتقدير الأجور السنوية للعمالة (بكافة أنواعها) بما فيها العمالة الادارية والتنظيمية، وأية مصروفات أخرى لغرض التشغيل. وتنقسم تكاليف التشغيل السنوية إلى قسمين وهي :

1. تكاليف انتاجية ثابتة (Fixed Costs).
2. تكاليف انتاجية متغيرة (Variable Costs).

1. التكاليف الانتاجية الثابتة:

وهي التكاليف التي يتحملها المشروع في بداية تأسيسه ولا تتغير مع تغير حجم الانتاج في الامد القصير، وتشتمل على الفقرات الآتية:

أ- الاهتلاك.

ب- الادوات الاحتياطية (قطع الغيار).

ج- التأمين على المشروع.

د- الاجور غير المباشرة (الادارية والتسويق والخدمات).

هـ- الصيانة.

و- الفائدة.

ز- ايجار المباني والعدد والأدوات (إن وجد).

وفيما يأتي شرح موجز لكل من الفقرات أعلاه.

أ- **الاهتلاك:** (Depreciation)

ويمثل الاهتلاك (أو الاندثار) عنصراً اساسياً من عناصر التكاليف الانتاجية الثابتة. ويعكس الاهتلاك الاعباء (التكاليف) المالية السنوية الناجمة عن استخدام الموجودات الراسمالية في النشاط الانتاجي، أي انه يمثل الاستهلاك السنوي في الاصول الثابتة التي يمتلكها المشروع. ويمكن النظر إلى الاهتلاك باعتباره نفقات يجب استردادها من خلال استقطاعها من الدخل المتحقق بهدف الحفاظ على راس المال الثابت للمشروع، وهو بهذا يعتبر مفهوماً محاسبياً.

ومعلوم ان تحديد أو تقدير الاهتلاك يتأثر بعوامل عديدة تشمل تكلفة الموجود الرأسمالي، والعمر الاقتصادي المقدر له، والطريقة المعتمدة في احتساب مبلغ الاهتلاك. وهناك العديد من طرق احتساب قسط الاهتلاك، لكن الطريقة الشائعة في الاستخدام هي طريقة القسط الثابت، والتي يتم تقديرها من خلال حاصل قسمة قيمة الاصل الاولية على العمر الاقتصادي للاصل الثابت. ويمثل القسط السنوي للاهتلاك التكلفة السنوية للاصل، ولهذا فلا بد من تخمين العمر الاقتصادي للمشروع. حيث ان المكائن تستهلك نتيجة لاستعمالها حتى تصل إلى مرحلة يكون فيها استبدالها أكثر منفعةً من الناحية الاقتصادية من اصلاحها.

ويعتمد عمر المشروع على الجزء الاساسي لمكائن ومعدات المشروع، وأحياناً تؤخذ التطورات التكنولوجية بالحسبان عند تقدير العمر الاقتصادي للمشروع، أي انه يمكن ان يتم استبدال بعض المكائن والمعدات رغم انها بحالة جيدة، الا انها اصبحت غير اقتصادية في الاستخدام نظراً لظهور تكنولوجيا متطورة ولا يمكن للمكائن القديمة منافسة المكائن الجديدة المتطورة مما يوجب استبدالها.

وتختلف نسب الاهتلاك المعتمدة بالنسبة لفقرات راس المال الثابت فيما بين البلدان المختلفة، الا أن المعدلات الشائعة لهذه الفقرات هي كالآتي:

الرقم	الفقرة	معدل الاهتلاك	سنوات العمر الاقتصادي
.1	المكائن والمعدات	%10	10
.2	أعمال الهندسة المدنية	%5	20
.3	المعدات الكهربائية	%15	6.6
.4	وسائط نقل	%15	6.6
.5	أجهزة التكييف	%15	6.6

ويبين الجدول رقم (3-2) كيفية احتساب وعرض تقديرات الاهتلاك والاحلال والقيم المتبقية للفقرات المختلفة للاصول الثابتة. حيث تثبت قيمة الاستثمار ثم العمر المتوقع لتشغيل الاصل الثابت ثم تقدير اقساط الاهتلاك السنوية خلال عمر المشروع وأخيراً تدرج القيم المتبقية لهذه الاموال في السنة الاخيرة من عمر المشروع. أما مصاريف ما قبل التشغيل ومصاريف التشغيل التجريبي فانها ليست مكائن ومعدات لكي تتعرض للاهتلاك لذلك فان اقساط استردادها تسمى اطفاء مصاريف وتطفأ عادة بخمسة اقساط، أي بنسبة 20% سنوياً.

أما راس المال التشغيلي (العامل) وكذلك الارض فلم يتم اطفاء أقساطها لعدم استهلاكها أثناء نشاط المشروع، وبدلاً من ذلك تدرج كقيم متبقية في السنة الاخيرة من عمر المشروع. كما تدرج أيضاً القيم المتبقية للمكائن والمعدات كخردة، كما مبين في الجدول (3-2).

ب- **الادوات الاحتياطية (Spare Parts)** :

وتدرج تكلفة الادوات الاحتياطية اللازمة لادامة وصيانة المكائن والمعدات لمدة سنة واحدة.

ج- **التأمين على المشروع:**

تؤخذ عادة نسبة مئوية من تكلفة الاستثمارات الكلية ويمكن ان تكون هذه النسبة 0.4% مثلاً.

2. **التكاليف المتغيرة :**

وتمثل التكاليف التي تتغير مع تغير حجم الانتاج وتشمل الفقرات الاتية:

أ- المواد الاولية والمساعدة.

ب- مواد التعبئة والتغليف.

ج- الاجور المباشرة (أي أجور العمال والمهندسين والفنيين في خط الانتاج).

د- الخدمات الصناعية، وتشمل ما يأتي:

- صيانة المكائن والابنية(وتحسب كنسبة من الاستثمارات الثابتة مثل 1% مثلاً).
- دهون وشحوم ومحروقات.
- كهرباء وماء.
- متفرقة

وبعد تقدير كافة التكاليف الثابتة والمتغيرة يمكن استخراج التكاليف الانتاجية الاجمالية من خلال جمع الاثنين معاً أي:

تكاليف الانتاج الاجمالية = التكاليف السنوية الثابتة + التكاليف السنوية المتغيرة.

ويخصص عادة جدول يوضح التكاليف الانتاجية السنوية التي تتوزع على سنوات عمر المشروع والتي تمثل كلا من التكاليف الانتاجية الثابتة والتكاليف الانتاجية المتغيرة كما في الجدول رقم (3 – 3).

وتجدر الاشارة الى أن التكاليف التشغيلية (الانتاجية) تكون منخفضة نسبياً في السنوات الاولى من التشغيل وذلك بسبب محدودية الانتاج في تلك الفترة، والذي لا يصل إلى كامل الطاقة الانتاجية، ثم يبدأ بعدها بالارتفاع التدريجي حتى يصل إلى الطاقة الانتاجية الكاملة أو يقترب منها.

3.3 المبيعات (الدخل)

يتعين تقدير الدخل السنوي الناتج عن بيع المنتجات التي ينتجها المشروع اضافة إلى النشاطات الاخرى التي تدخل ضمن مداخيل المشروع، أي الخدمات التي يمكن ان يبيعها المشروع إلى الغير. وتدرج الاعانات (اذا كان المشروع يحصل على أية اعانات)، ويضاف الى هذه الفقرات القيمة المتبقية في نهاية عمر المشروع، وذلك بالنسبة للارض والمباني وراس المال وقيمة الخردة. ويوضح الجدول رقم (3- 4) الدخل السنوي على مدى سنوات عمر المشروع. وتقسم المبيعات الى محلية وخارجية (صادرات). ويتعين تبيان فيما اذا كان المنتج المحلي هو بديل عما كان يستورد أم لا.

4.3 الاحتياجات من القوة العاملة

ويدرج في جدول خاص اعداد العاملين على اختلاف أنواعهم ثم الموظفون باختلاف اختصاصاتهم، سواء المحليون منهم أو الأجانب، وكذلك متوسط أجر كل منهم ثم قيمة أجورهم السنوية، وذلك لكل سنة من سنوات عمر المشروع، وكما يتبين في الجدول رقم (3-5).

5.3 هيكل راس المال:

وتوضح هذه الفقرة مصادر أو مكونات تمويل المشروع، أي توزيع الاستثمارات إلى مساهمات (محلية وأجنبية) وقروض (محلية وأجنبية) وذلك خلال فترة تأسيس المشروع، اضافة إلى الفوائد المدفوعة خلال فترة الانشاء (ان وجدت) كما مبين في الجدول رقم (3 – 6).

6.3 الالتزامات المالية

وتختص هذه الفقرة بتحديد الالتزامات المالية على المشروع والتي تمثل القروض التي يحصل عليها المشروع (سواء محلية أو أجنبية) مع بيان اقساط سدادها والفوائد المترتبة عليها. ونذكر ايضاً هنا الارباح الموزعة (المحلية والاجنبية) وأية التزامات أخرى مثل رسوم الاستغلال أو التراخيص والتأمينات وذلك على مدى سنوات عمر المشروع، وكما في الجدول رقم (3-7).

7.3 التحليل المالي

ومن مجموع الجداول المذكورة آنفاً بالنسبة لمشروع افتراضي معين يمكن تجميع هذه البيانات في جدول واحد شامل يحتوي على كل المعلومات المطلوبة لتحليل الربحية التجارية كما مبين في الجدول رقم (3 – 8) والذي يبين الاستثمارات وتكاليف التشغيل والدخل ثم صافي الدخل النقدي وصافي التدفق النقدي الاجمالي والموارد المالية والالتزامات المالية وصافي الميزان النقدي.

وتجدر الاشارة إلى ان الجدول المذكور يحتوي على أرقام من مشروع افتراضي سوف يستخدم للاغراض التوضيحية، وان الجداول من (3-1 إلى 3-7)

مصممة بحيث تحتوي على كل البيانات الضرورية لاستكمال الجدول رقم (3 – 8) والذي يحتوي التحليل المالي المتكامل.

8.3 القيمة المضافة

وهنا يتم احتساب القيمة المضافة من البيانات التي يفترض ان تحتويها الجداول (1) الى (7)، والمبينة في الجدول رقم (3– 9) والذي يحتوي المخرجات والمدخلات المادية الجارية المشتراة من خارج المشروع والاستثمارات والمدفوعات المحولة للخارج. ويعتمد التقييم الكامل للمشروعات على المعلومات التي يوفرها الجدولان (3 -8) و (3 – 9).

وهناك طريقتان لحساب القيمة المضافة، الاولى من خلال طرح مستلزمات الانتاج من القيمة الاجمالية للانتاج، والثانية من خلال حاصل جمع عوائد عناصر الانتاج الاربعة: الاجور والفائدة والريع والربح.

وبعد ان تكون جميع البيانات والمعلومات قد تم توفيرها يمكن عندها التحول الى اجراء التقييم النهائي للمشروع، سواء كان تجارياً أو اقتصادياً أو اجتماعياً. وهذا ما سوف يتم في الفصول اللاحقة، حيث سيختص الفصل الرابع بمعايير الربحية التجارية للمشروعات.

9.3 التدفقات النقدية للمشروع الاستثماري[4]

ان عملية تقدير ايرادات وتكاليف المشروع هي من الامور المهمة لمساعدة متخذي القرارات الاستثمارية في اختيار المشروع الافضل. ويقصد بالتدفقات النقدية (طبقاً للاساس النقدي) ان كل فترة مالية تتحمل التكاليف المدفوعة خلالها، سواء كانت متعلقة بنفس الفترة أو فترات سابقة أو فترات لاحقة. وكذلك فان كل فترة مالية تستفيد بما تم تحصيله خلالها من ايرادات، سواء كانت مرتبطة بنفس

الفترة أو فترات سابقة أو لاحقة، وتقاس التدفقات النقدية هنا من وجهة نظر المشروع الاستثماري.

وقد تقترن النتائج المرضية لتحليل المشروع مع عجز مالي جوهري في بعض السنوات من عمر المشروع، وخاصة تلك السنوات التي يجب فيها تسديد الديون. ولهذا فان الاوضاع النقدية والمتعلقة بالعمليات المالية يجب أن تؤخذ في الاعتبار في تحليل السيولة ومنها:

- متطلبات الأيفاء بالدين.
- تسديد أقساط التأمين.
- النفقات النقدية الاخرى والمتحصلات التي لا ترتبط اساساً بالاستثمار (مثل بيع الاراضي الزائدة والمساهمة في شراء سندات الدولة).

واذا ما تم ادراج كل هذه البنود للعمليات المالية ويتم تقدير الربحية الاستثمارية عندها يكون تقييم المشروع قادراً على أن يحكم بخصوص الحالات التالية:

- اذا كانت المساهمات والتمويل طويل الاجل كافيين.
- اذا ما كان العجز النقدي محدوداً.
- اذا كانت شروط التمويل طويل الاجل مرضية.
- اذا ما كانت ارباح المساهمين تتحقق بالصورة التي تصورها المستثمرون.

ويمكن تقسيم التدفقات النقدية للمشروع الاستثماري إلى نوعين رئيسيين هما:

1. **التدفقات النقدية الخارجة** (Cash Outflows)

وتشمل المبالغ التي تنفق على المشروع الاستثماري منذ ظهوره كفكرة وحتى تنفيذه وتشغيله. وتتضمن هذه التدفقات الاستثمارات والمصروفات النقدية،

(باستثناء الفوائد) والضرائب والالتزامات المالية، واقساط الدين، والفوائد المستحقة، وتوزيعات الارباح.

2. **التدفقات النقدية الداخلة** (Cash Inflows)

وتشمل هذه كل ما يتم تحصيله خلال عمر المشروع وتتضمن:

ايرادات المبيعات، والقيمة المتبقية في السنة الاخيرة للمشروع، والموارد المالية للاستثمار (المساهمات والقروض). والجدول رقم (3 – 8) يبين تفاصيل هذه التدفقات.

جدول رقم(3-1)

استثمارات المشروع (برنامج الانشاء)

	فترة الانشاء													
	السنة س صفر			السنة س 1			السنة س 2			السنة......			الاجمالي	
	مستورد	محلي	اجمالي	مستورد	محلي	اجمالي	مستورد	محلي	اجمالي	مستورد	محلي	اجمالي	مستورد	محلي
لى ما ا طاولـــة ع ندمات تجارب أولية يس ر														
ـــلية														

جدول رقم (3-2)

الاهلاكات والاحلال والقيم المتبقية

البيان	الاستثمار (قيمة الاصل)	العمر المتوقع (بالسنوات)	قسط الاهلاك السنوي	السنوات					القيمة المتبقية في السنة الأخيرة
				س1	س2	س3	.....	س ن	
1- **الاصول الثابتة**									
1.1- معدات الانتاج بما في ذلك تكاليف التركيب									
1. 2 - المباني									
1. 3 - الارض (1)									
1. 4 - اصول ثابتة اخرى									
2- **مصروفات التأسيس** (2)									
3- **رأس المال العامل** (1)									
4- **المجموع**									

(1) لم تستهلك قيمة رأس المال العامل والأرض. وبدلاً من ذلك يدرج قيمتها بالكامل في السنة الاخيرة كقيمة متبقية.

(2) تختلف القواعد من دولة لأخرى بشأن ما اذا كانت مصروفات التأسيس تعتبر جزءاً من الاستثمار أولا. وحتى اذا لم تعتبر كذلك أي إذا لم يتم "رسملتها " فانه يتعين أن تتضمنها التكاليف الاستثمارية وذلك لأغراض حساب ميزان رأس المال.

جدول رقم (3 -3)
تكاليف التشغيل السنوية

البيـان	السنة س صفر			السنة س 1			السنة س 2						للسنة س. ن
	متغيرة	ثابتة	اجمالي	متغيرة	ثابتة	اجمالي	متغيرة	ثابتة	اجمالي				
1- مصروفات التشغيل النقدية													
1.1 - المواد													
1.1.1 - مستوردة													
1. 1. 2 - محلية													
1. 2 الأجور													
1. 2. 1 - العاملون الأجانب													
1. 2. 2 - العاملون الوطنيون													
1. 3 مصروفات تشغيل أخرى													
2- مصروفات التسويق النقدية													
2. 1 - المواد													
2. 1. 1 - مستوردة													
2. 1. 2 - العاملون الوطنيون													
2. 3 رسوم وضرائب سلعية على المبيعات													
2. 4 مصروفات تسويقية أخرى													
3- المصروفات الادارية النقدية													
3. 1 - المواد													
3. 2 - الأجور													
3. 2. 1- العاملون الأجانب													
3.3 - مصروفات ادارية أخرى													
4- مصروفات التشغيل النقدية (3+2+1)													
5- الاهلاك													
6- اجمالي التكاليف (5+4)													
نسبة الانتفاع من الطاقة (بالكميات)	×	×	%	×	×	%	×	×	%	×	×	%	× × %

جدول رقم (3 - 4)
الدخل السنوي

البيان	السنة س صفر		السنة س 1		السنة س 2			السنة س ن	
	الكمية	القيمة	الكمية	القيمة	الكمية	القيمة		الكمية	القيمة
1- المبيعات السنوية (1) المنتج (أ) - مبيعات محلية(2) - صادرات المنتج (ب)- مبيعات محلية (2) - صادرات المنتج(جـ)-مبيعات محلية (2) - صادرات 2- الاعانات 3- القيمة المتبقية (3)									
4- مجموع الدخل									

(1) يحسب بسعر المصنع (سعر المنتج) ويجب ادماج الرسوم والضرائب على الانتاج والمبيعات في أسعار المصنع السابقة وذلك اذا كانت مدرجة في مصروفات التشغيل.
(2) اذا ما كان المنتج المسوق محلياً سيعتبر بديلاً عما كان يستورد (جزئياً أو كلياً) فيجب اثبات ذلك بوضوح في الجدول، اذ يمكن مثلاً تقسيم بند المنتجات المباعة محلياً إلى قسمين واحد للمبيعات محلياً والثاني للمبيعات المحلية من بدائل الواردات. واذا ما كان متوقعاً ان يبيع جزءاً من نواتج الخدمات والمرافق الاساسية (كهرباء - طاقة - مياه - غاز - بخار) فيجب أن تثبت كبند مستقل.
(3) تتضمن القيمة المتبقية: الارض - المباني - رأس المال العامل - قيمة الخردة (القيمة المستردة) - انظر الجدول رقم (3-2).

جدول رقم (3 – 5)

الاحتياجات من القوى العاملة (1)

فئات القوى العاملة	عدد الأفراد			متوسط الأجور		قيمة الأجور		
	ماهرون	غير ماهرين	اجمالي	ماهرون	غير ماهرين	ماهرون	غير ماهرين	اجمالي
1- العمال 1. 1– عمالة مباشرة 1. 2- عمالة غير مباشرة 2- موظفو التسويق 3- موظفو الإشراف 4- الاداريون								
5- المجموع الكلي 5. 1- عمال وطنيون 5. 2– عمال أجانب (2)								

(1) لكل سنة من السنوات خلال عمر المشروع واذا ما كان عدد الافراد يقل عما هو مذكور خلال فترة تجريب المشروع، فيجب اثبات ذلك بوضوح، كما يجب أيضاً اثبات الزيادة في حجم القوى العاملة المتوقعة عند التوسع في المشروع.

(2) يجب اعداد تقدير على اساس من الخبرة السابقة أو أية اعتبارات أخرى بشأن النسبة المتوقعة من أجورهم التي سيتم تحويلها الى أوطانهم بالخارج.

جدول رقم (3 – 6)

هيكل راس المال

البيان	فترة البناء (الانشاء)				
	س صفر	س1	س 2	....	
1- **الاستثمارات** 1.1 – الاستثارات المبدئية (الاصلية) 1. 2 – الفوائد خلال فترة الإنشاء 2- **التمويل** 2. 1 – المساهمات 2. 1. 1- مساهمة محلية 2. 1. 2 – مساهمة أجنبية 2.2 - **القروض** 2. 2. 1 - المحلية 2. 2. 2 - الأجنبية 2. 3 – ماعدا ذلك (محلية وأجنبية)					
3- احتياجات التمويل الإضافية (1-2)					

جدول رقم (3 – 7)

الالتزامات المالية

البيان	السنوات					
	س صفر	س 1	س 2		س ن	المجموع
1- القروض – اقساط السداد الفوائد 1.1 – القروض المحلية 1. 1. 1 – اقساط السداد 1. 1. 2 - الفوائد 1. 2 – القروض الاجنبية 1. 2. 1 – أقساط السداد. 1. 2. 2 - الفوائد 2- الارباح الموزعة 2. 1 - المحلية 2. 2 - الأجنبية 3- الالتزامات الأخرى (رسوم الاستغلال(*) التأمينات – اعادة التأمين.. الخ)						
المجموع (1 + 2 +3)						

جدول رقم (3-8)

التحليل المالي المتكامل (1)

(ألاف الدنانير)

البيـــان	السنوات 0	1	2	(2) 10-3	11	(2) 12-19	20
1- الاستثمارات (الجدول رقم 1 الصف 8)	100.0	100.0	-	-	-	-	-
الاستثمارات الحديثة (الأصلية)	100.0	100.0	-	-	-	-	-
2- تكاليف التشغيل.	-	-	40.0	75.0	70.0	70.0	70.0
2. 1- المصروفات النقدية باستثناء الفوائد							
الجدول رقم 5 الصف 4)	-	-	40.0	60.0	60.0	60.0	60.0
202- الاهلاك (الجدول رقم 2 الصف 4)	-	-	10.0	10.0	10.0	10.0	10.0
2. 3 – الفوائد (الجدول وقم 7 الصف 1)	-	-	-	5.0	-	-	-
3- الدخل (الجدول رقم 4)	-	-	70.0	100.0	100.0	100.0	120.0
3. 1 – ايرادات المبيعات (الصف 1)	-	-	70.0	100.0	100.0	100.0	100.0
3. 2 – الاعانات (الصف 2)	-	-	-	-	-	-	-
3. 3 القيمة المتبقية (الصف 3)	-	-	-	-	-	-	20.0
4- صافي الدخل النقدي (3)							
4. 1 – الربح الخاضع للضريبة (2.3)		-	30.0	25.0	30.0	30.0	50.0
مخصوماً الضرائب 20% على الربح	-	-	-	5.0	6.0	6.0	10.0
4. 2 – الربح الصافي بعد الضرائب والفوائد	-	-	30.0	20.0	24.0	24.0	40.0
زائد الفوائد (الصف 2.3) السابقة)	-	-	-	5.0	-	-	-
4. 3 – الربح الصافي قبل الفوائد وبعد الضرائب	-	-	30.0	25.0	24.0	24.0	40.0
زائد الاهلاك (الصف 202)	-	-	-	10.0	10.0	10.0	10.0
ناقص الاحلالات (الجدول رقم 2 الصف4)	-	-	-	-	-	-	-
الاجمالي	-	-	30.0	35.0	34.0	34.0	50.0
5- صافي التدفق النقدي (الاجمالي 4-1)	(100)	(100)	30.0	35.0	34.0	34.0	50.0
6- الموارد المالية (الجدول رقم 6)	100.0	100.0	-	-	-	-	-
6. 1 – المساهمات (الصف 2.1)	100.0	15.0	-	-	-	-	-
6. 2 – القروض (الصف 2.2)	-	85.0					
6. 3 – غير ذلك (الصف 2.3)	-	-	-	-	-	-	-
7- الالتزامات المالية (الجدول رقم 7)	-	-	-	27.0	12.0	12.0	12.0
7. 1 – أقساط سداد القروض (الصف 1)	-	-	-	10.0	-	-	-
7. 2 – الفوائد المستحقة (الصف 1)	-	-	-	5.0	-	-	-
7. 3 – توزيعات الارباح (الصف 2)	-	-	-	12.0	12.0	12.0	12.0
8- صافي الميزان النقدي (5 + 6-7)	-	-	30.0	8.0	22.0	22.0	38.0
9- الميزان النقدي التراكمي (الصف رقم 8)	-	-	30.0	94.0	116.0	292.0	330.0

(1) يحتوي الجدول على أرقام عن مشروع افتراضي سيستخدم للأغراض التوضيحية. الجداول من 1 الى 7 مصممة بحيث تحتوي على كل البيانات الضرورية لاستكمال الجدول رقم (8) - وفي هذه الحالة فإن الارقام النهائية هي التي اخذت فقط لاستكمال رقم (8)، دون استكمال الجداول من 1 الى 7. وعلى كل فإنه توجد اشارات امام كل بند في الجدول رقم (8) يوضح الجداول السابقة التي تستقي منها الارقام.

(2) سنوياً.

جدول رقم (3-9)

التحليل المتكامل للقيمة المضافة (1)

البيان	السنوات										
	0	1	2	3	4	5	6	7	10-8	19-11	20
1- قيمة المخرجات (جدول 4 صف 4)	0.0	0.0	70.0	100.0	100.0	100.0	100.0	100.0	100.0	100.0	120.0
1.1 - صادرات (جدول 4 صف 1)	-	-	5.0	10.0	20.0	20.0	25.0	30.0	30.0	30.0	30.0
1. 2 - مباعة محليا (بديلة للواردات)	-	-	60.0	80.0	70.0	70.0	65.0	60.0	60.0	60.0	60.0
(جدول 4 صف 1)	-	-	-	-	-	-	-	-	-	-	-
1. 3 - مباعة محليا (جدول 4 صف 1)	-	-	-	-	-	-	-	-	-	-	-
1. 4 - خدمات المرافق الاساسية (جدول4صف1)	-	-	5.0	10.0	10.0	10.0	10.0	10.0	10.0	10.0	10.0
1. 5 - القيمة المتبقيه (جدول من أنشطة فرعية)			-	-	-	-	-	-	-	-	-
2- قيمة المدخلات	100.0	100.0	30.0	51.0	51.0	51.0	51.0	51.0	51.0	51.0	51.0
2. 1 - الاستثمارات (جدول 1 صف 6)	100.0	100.0	-	-	-	-	-	-	-	-	-
2. 1. 1 - واردات (جدول 1 صف 5)	75.0	85.0	-	-	-	-	-	-	-	-	-
2. 1. 2 - مشتراه محليا (جدول 1 صف 5)	25.0	15.0	-	-	-	-	-	-	-	-	-
2. 2 - مدخلات مادية جارية (جدول 5 الصفوف 1.3 , 1.1 , 2.1)	-	-	30.0	51.0	51.0	51.0	51.0	51.0	51.0	51.0	51.0
2. 2. 1 - مستوردة (جدول 5 الصفوف 1.1.1 , 2.1.1)	-	-	8.0	12.0	12.0	12.0	12.0	12.0	12.0	12.0	12.0
2. 2. 2 - مشتراة محليا (جدول 5 الصفوف 2.1.2 , 1.3 , 2.1.1)	-	-	20.0	36.0	36.0	36.0	36.0	36.0	36.0	36.0	36.0
2. 2. 3 - خدمات المرافق الاساسية (جدول 5 صف 3.1)	-	-	2.0	3.0	3.0	3.0	3.0	3.0	3.0	3.0	3.0
3- القيمة المضافة المحلية الصافية (1.2)	(100)	(100)	40.0	49.0	49.0	49.0	49.0	49.0	49.0	49.0	69.0
4- المدفوعات المحولة للخارج	-	-	15.0	16.0	16.0	16.0	15.0	15.0	14.0	10.0	16.0
4. 1 - الأجور (جول 3)	-	-	3.0	3.0	3.0	3.0	2.0	2.0	1.0	-	-
4. 2 ارباح الاسهم (جدول 7 صف 2.2)	-	-	12.0	8.0	8.0	8.0	8.0	8.0	8.0	10.0	16.0
4. 3 - الفوائد (جدول 7 صف 2.2.1)	-	-	-	5.0	5.0	5.0	5.0	5.0	5.0	-	-
4.4 - اخرى الاتاوات - الرسوم - التامين واعادة التأمين... الخ) (جدول 7 صف 3)	-	-	-	-	-	-	-	-	-	-	-
القيمة المضافة القومية الصافية (4.3)	(100)	(100)	25.0	33.0	33.0	33.0	34.0	34.0	35.0	39.0	53.0
5. 1 - الاجور (جدول 3 صف 5 ناقصاً الاجور المحولة للخارج	-	-	7.0	9.0	9.0	9.0	10.0	10.0	10.0	12.0	12.0
5. 2 - الفائض الاجتماعي (5 - 5.1)	-	-	18.0	24.0	24.0	24.0	24.0	24.0	24.0	27.0	41.0

(1) الارقام التي يتضمنها هذا الجدول والخاصة بمشروع افتراضي سوف تستخدم لأغراض الايضاح ولقد صممت للجداول من 1 ال 7 لتشمل جميع البيانات اللازمة لاستكمال الجدول رقم (9). وقد أشير مقابل كل بند من بنود هذا الجدول إلى مصدر الأرقام الخاصة بها وموقعه من الجداول 1 الى 7. وجميع البنود الواردة في هذا الجدول هي على اساس تقييم المدخلات والمخرجات بأسعار السوق الفعلية وباستخدام السعر الرسمي للصرف.

هوامش الفصل الثالث

(1) للمزيد من التفاصيل راجع:

- المنظمة العربية للتنمية الصناعية ومنظمة الامم المتحدة للتنمية الصناعية دليل التقييم والمفاضلة بين المشروعات الصناعية للدول العربية، 1980.

(2) قارن في ذلك:

د. عبد القادر محمد عبد القادر عطية، مرجع سابق، ص ص 139 - 146.

(3) بموجب هذه الطريقة البديلة يتم تقدير رأس المال التشغيلي (العامل) كما يأتي:

$$\text{رأس المال التشغيلي} = \frac{\text{اجمالي التكاليف التشغيلية السنوية}}{\text{معدل دوران رأس المال التشغيلي}}$$

$$\text{معدل دوران رأس المال التشغيلي} = \frac{\text{عدد شهور السنة}}{\text{عدد شهور الدورة الانتاجية}}$$

مثال: نفترض أن اجمالي التكاليف التشغيلية السنوية تساوي (9125) الف دينار ونفترض ان الدورة الانتاجية تساوي 4.7 شهور

$\therefore$ معدل دوران رأس المال التشغيلي = $\frac{12}{4.7} = 2.6$

وعليه فان رأس المال التشغيلي = $\frac{9125.000}{2.6} = 3510$ الف دينار

وهذا الرقم مساوي تقريباً للرقم الذي اعطته الطريقة الأخرى.

(4) قارن في ذلك:

- المنظمة العربية للتنمية الصناعية ومنظمة الامم المتحدة للتنمية الصناعية، دليل التقييم والمفاضلة، مرجع سابق، ص ص 105 - 108.

- د. عباس الربيعي، مقدمة في تقييم المشروع الاستثماري وتحليل الجدوى الاقتصادية له، دار البشير 2005 ، ص ص 41 - 150.

الفصل الرابع

معايير الربحية التجارية (الخاصة) للمشروعات

1.4 مقدمة

2.4 معيار فترة الاسترداد

3.4 معيار معدل عائد الاستثمار البسيط

4.4 معيار القيمة الحالية الصافية

5.4 معيار المعدل الداخلي للعائد

6.4 معيار العائد / التكلفة

7.4 تقييم المعايير الاقتصادية المخصومة

الفصل الرابع

معايير الربحية التجارية (الخاصة) للمشروع[1]

1.4 مقدمة:

ينبغي ابتداء تحديد المعيار المناسب للحكم على المشروع. فالمشروع الخاص يهتم عادةً بالربحية الخاصة، أي احتساب منافع وتكاليف المشروع المباشرة من وجهة نظر مالك المشروع وبالاسعار الفعلية السائدة. وتنصرف دراسة ربحية الاستثمار إلى تحليل ربحية الموارد المستخدمة في المشروع، أي العائد على الاستثمار الموظف في المشروع.

ويستخدم عدد من المؤشرات أو المعايير لهذا الغرض ومنها:

(1) معيار فترة استرداد رأس المال المستثمر (Payback Period)

(2) معيار معدل عائد الاستثمار البسيط (Simple Rate of Return)

(3) معيار القيمة الحالية الصافية (Net Present Value)

(4) معيار معدل العائد / التكلفة (Benefit Cost Ratio)

(5) معيار المعدل الداخلي للعائد (Internal Rate of Return)

فالمعياران الاوليان هما من نوع المعايير غير المخصومة (Non - Discounted Criteria) أي المعايير التي لا تأخذ في الاعتبار الامتداد الزمني الكامل للمشروع وانما تعتمد على فترة سنة عادية واحدة أو عدد من السنوات، أي ان التدفقات الداخلة الجارية تدخل في التحليل طبقاً لقيمتها الاسمية غير المخصومة وكما تبدو في نقطة معينة من الزمن خلال عمر المشروع. ويشار إلى الطريقتين الاوليتين أيضاً على أنهما تمثلان الطريقتين البسيطتين.

أما المعايير الثلاثة التالية فانها تمثل طرق التقييم المخصومة، حيث تحلل ربحية المشروع هنا على أساس فترة عمر المشروع وتأخذ عامل الزمن بنظر الاعتبار، وذلك بخصم التدفقات الداخلة (Cash Inflow) والتدفقات الخارجة (Cash Outflow) للوصول الى قيمتها الحالية (Present Value).

والطرق البسيطة في التقييم قد تكون أقل دقة ولكن في بعض الاحوال قد يكون التحليل البسيط كافياً، في حين في حالات أخرى قد يكون من الافضل القيام بتحليل شامل باستخدام الطرق المخصومة مثل صافي القيمة الحالية والمعدل الداخلي للعائد.... الخ. ويعتمد اختيار الطريقة على الاهداف الخاصة بالمشروع ومدى توفر البيانات اللازمة.

2.4 معيار فترة الاسترداد

يهدف هذا المعيار إلى قياس الوقت اللازم للمشروع ليسترد جملة استثماراته من خلال صافي عوائدة النقدية السنوية. وعليه فان فترة الاسترداد تمثل عدد السنوات التي يستطيع خلالها المشروع ان يجمع ايرادات نقدية صافية تكفي لتغطية قيمة استثماراته الاجمالية. ويتم قبول المشروع اذا كانت الفترة التي يسترد المشروع راسماله بأقل من حد معين مستهدف. ويحدد عادةً حد أقصى لفترة الاسترداد تسمى بفترة القطع (Cut off Period) أو فترة الاسترداد القصوى المقبولة. ويتوقف قبول المشروع أو رفضه تبعاً للمقارنة بين فترة الاسترداد للمشروع وفترة القطع، فاذا كانت فترة الاسترداد أقصر من فترة القطع يعتبر المشروع مقبولاً، وبعكسه يرفض المشروع.

ويمكن استخدام المعادلة الآتية لاحتساب فترة الاسترداد :

$$I = \sum_{t=0}^{P}(F + D)_t \;\ldots\ldots\ldots\ldots\ldots\ldots\; (1)$$

حيث ان:

I = الاستثمارات الاجمالية الاولية

P = فترة الاسترداد [2] و t = السنة المعنية.

(F + D) = صافي الايرادات السنوية، حيث F تمثل الارباح الصافية في سنة عادية (بعد خصم الضرائب) و D تمثل الاهتلاك (Depreciation) السنوي في تلك السنة العادية.

ويتم احتساب فترة الاسترداد بواسطة المعادلة رقم (1) من خلال جمع صافي الايرادات السنوية لعدد من السنوات حتى تتساوى قيمة الايرادات في الجهة اليمنى من المعادلة مع قيمة الاستثمارات في الجهة اليسرى منها، وعندها فان عدد السنوات (P) الذي يحقق المساواة يمثل فترة الاسترداد . وهناك حالتان لدى المشروعات الاستثمارية: الأولى هي حالة عدم تساوي صافي التدفق النقدي السنوي بين سنة واخرى، والثانية حالة تساوي صافي التدفق النقدي السنوي للمشروع.

ففي حالة عدم تساوي صافي التدفق النقدي السنوي للمشروع بين سنة وأخرى فيتم الاحتساب عن طريق التجميع التراكمي لصافي التدفق النقدي حتى يتجمع ما يعادل التكاليف الاستثمارية وعندها تكون السنة التي يسترد المشروع خلالها تكاليفه الاستثمارية هي السنة التي يتحدد على أساسها طول فترة الاسترداد. والمثال الآتي يوضح طريقة حساب فترة الاسترداد لهذه الحالة كما في الجدول رقم (4-1) أدناه:

نفترض في هذا المثال ان اجمالي الاستثمار المبدئي يبلغ 100 الف دينار، تنفق في السنة صفر والسنة (1)، وان صافي الايرادات السنوية تبدأ منذ السنة (2).

جدول رقم (4-1) طريقة احتساب فترة الاسترداد

	القيمة الاسمية (الف دينار)	قيمة راس المال غير المسترد (الف دينار)
<u>**اجمالي الاستثمار**</u>	100	
السنة صفر	50	
السنة1	50	
<u>**صافي الايرادات**</u>		(100)
السنة 2	30	(70)
السنة 3	35	(35)
السنة 4	40	+5

ومن خلال جمع صافي الايرادات يتبين بأن المشروع سوف يسترد اجمالي المال المستثمر قبل نهاية السنة رقم (4) أي السنة الثالثة من تشغيله، أو بعد خمس سنوات من تأسيسه. وتجدر الاشارة الى أن قيم راس المال غير المسترد وضعت بين قوسين لتشير إلى انها قيم سالبة تمثل تدفق خارج، وبعد تغطية كامل راس المال يتحول المبلغ إلى موجب 5+ أي تدفق داخل.

وفي حالة كون المشروع يحقق صافي عائد سنوي ثابت عبر الزمن فان فترة الاسترداد يمكن احتسابها بالمعادلة الاتية:

فترة استرداد التكاليف الاستثمارية = <u>مجموع تكاليف الاستثمار الاولية</u>

العائد الصافي السنوي

ولتطبيق الحالة الثانية، حالة ثبات العوائد السنوية لنتصور ثلاثة مشروعات استثمارية تخضع للتقييم والمفاضلة على وفق معيار فترة الاسترداد تتضمن كل منها تكاليف الاستثمار الاولية والعوائد الصافية للمشروعات الثلاثة[3] وكما في الجدول رقم (4-2) أدناه.

جدول رقم (4-2)

الاستثمارات الاولية والعائد السنوي لثلاثة مشروعات

الرقم	البيان	المشروع (A)	المشروع (B)	المشروع (C)
1-	مجموع التكاليف الاولية للاستثمار	120	172	205
2-	متوسط العائد الصافي السنوي	35	30	45

يتم احتساب فترة الاسترداد بالنسبة للمشروعات الثلاثة أعلاه كما يأتي:

المشروع (A) = $\frac{120}{35}$ = 3.4 سنة

المشروع (B) = $\frac{172}{30}$ = 5.7 سنة

المشروع (C) = $\frac{205}{45}$ = 4.6 سنة

ويلاحظ من المثال أعلاه بأن المشروع (A) يفضل على المشروعين الآخرين لانه يسترد رأسماله بفترة أقصر من المشروعين الآخرين.

ويلاحظ بأن معيار فترة الاسترداد يركز على ثلاثة أمور أساسية هي:

1. الزمن: أي طول الفترة الزمنية التي يستغرقها المشروع لتغطية التكاليف الاولية للاستثمار من خلال الربح الصافي (السنوي).
2. مجموع التكاليف الاولية للاستثمار: وتشمل:

أ- النفقات الاولية للتأسيس.

ب- تكاليف الاصول الثابتة.

ج- التكاليف المتغيرة والمتعلقة بالمواد الخام والسلع شبه المصنوعة وتامة الصنع والتي تدخل في عملية الانتاج لفترة التشغيل التجريبي.

3. العائد الصافي السنوي.

وعلى الرغم من المزايا التي يتميز بها معيار فترة الاسترداد، وخاصة البساطة وتخطي احتمالات المخاطر، وخاصة في حالات عدم الاستقرار وحالات التقادم التكنولوجي السريع، لكنه يواجه بعض الانتقادات ومنها:

1. انه يهمل المكاسب الاضافية التي يمكن ان يحققها المشروع خلال عمره الانتاجي، حيث يركز هذا المعيار على السنوات التي يستطيع فيها المشروع من استرداد راسماله الاصلي ويهمل العوائد التي يمكن ان يحققها المشروع بعد استرداد راسماله.
2. أن هذا المعيار يهمل فترة العمر الانتاجي للمشروع وبالتالي يتساوى المشروع الذي يمكن ان يستمر في النشاط الانتاجي المربح لعشر سنوات مع المشروع الذي يصعب تقدير استمراريته في الانتاج أكثر من خمس سنوات.
3. ومن أكبر الانتقادات التي توجه ضد هذا المعيار هي انه قد يقود الى تقليص حجم الاستثمار. فباستخدام فترة الاسترداد البالغة ثلاثة أو أربعة أو خمس سنوات فأن بعض المشروعات قد ترفض حتى وان كان معدل العائد يبلغ 15% وان معدل الفائدة 8%، لان مثل هذا العائد سوف لن يستطيع استرداد راس المال خلال الفترة المعينة رغم مقبولية معدل العائد[4].
4. ان هذا المعيار يتجاهل القيمة الزمنية للنقود.
5. ان هذا المعيار يفشل في ترتيب المشروعات التي تتساوى لديها فترة الاسترداد.

3.4 معيار معدل عائد الاستثمار البسيط (Simple Rate of Return)

تتمثل هذه الطريقة في احتساب معيار معدل عائد الاستثمار من خلال احتساب النسبة بين الربح الصافي لسنة عادية وحجم الاستثمار الاجمالي (راس المال الثابت والتشغيلي). ويمكن حساب هذه المعدل بالنسبة لاجمالي الاستثمار أو بالنسبة لاموال المساهمين فقط. ويعتمد ذلك على ما إذا كان يراد معرفة ربحية الاستثمار الاجمالي (المساهمات + القروض) أو ربحية راس المال المملوك (المساهمات) فقط. وعليه فان احتساب معدل العائد يكون كالآتي:

$$R = \frac{F + i}{I} \quad \ldots\ldots\ldots\ldots\ldots\ldots (2)$$

$$Re = \frac{F}{Q} \quad \ldots\ldots\ldots\ldots\ldots\ldots (3)$$

حيث أن:

R = المعدل البسيط للعائد من اجمالي الاستثمار.

F = الربح الصافي لسنة عادية (بعد خصم الاهتلاك والفوائد والضرائب).

i = الفوائد السنوية على القروض في سنة عادية.

I = اجمالي الاستثمارات، المتضمن المساهمات والقروض.

Re = المعدل البسيط للعائد على راس المال المملوك.

Q = قيمة المساهمات من راس المال المستثمر (المملوك).

ومن الضروري التأكيد على أهمية الاختيار المناسب للسنة العادية من عمر المشروع، حيث أنها تنوب عن جميع سنوات عمر المشروع، وبالتالي يجب أن يكون المشروع قد وصل الى طاقته المستهدفة، واذا كانت هناك قروض يجب ان تكون اقساط سدادها لا زالت مستمرة.

والمهم في هذه الطريقة أن يكون معدل العائد للمشروع المعني أعلى من معدل العائد على الفرصة البديلة، سواء معدل الفائدة السائد في السوق المالية أو العائد الذي تحققه المشروعات الاستثمارية الاخرى، لكي يكون المشروع جيداً ومقبولاً، وبعكسه يرفض المشروع. وكلما كان معدل العائد مرتفعاً كلما يدلل ذلك على ارتفاع ربحية المشروع.

مثال: معدل العائد لسنة واحدة

ونورد المثال الاتي لتوضيح تطبيق هذا المعيار على مشروع افتراضي لسنة عادية.

حساب معدل العائد البسيط

الرقم	الموضوع	المبلغ
.1	اجمالي الاستثمار (I)	200
.2	قيمة المساهمات (Q)	115
.3	الربح الصافي، بعد الضرائب ، (F)	20
.4	الربح الصافي قبل الفوائد (F+i)	25

وعلى اساس البينات أعلاه فان معدل العائد على اجمالي راس المال المستثمر (R) يساوي:

$$R = \frac{F+i}{I} = \frac{25}{200} = 0.125 = 12.5\%$$

وان معدل العائد على المساهمات فقط (Q) يساوي :

$$Re = F / Q = \frac{20}{115} = 0.174 = 17.4\%$$

ويمتاز هذا المعيار ببساطته وسهولة تطبيقه، لكنه يعاني من بعض أوجه القصور المتمثلة في أنه يستخرج معياراً تقريبياً طالما انه يعتمد على بيانات سنة واحدة فقط، وقد لا يكون من السهل العثور على سنة عادية تمثل اداء المشروع على امتداد عمره. كما ان هذا المعيار يهمل توقيت الربح الصافي والتكاليف خلال عمر المشروع. ورغم ذاك فان المعدل البسيط أداة فعالة للتحليل السريع لربحية المشروع وخاصة لمشروع ذي إمتداد عمري قصير نسبياً.

مثال: معدل العائد طيلة عمر المشروع

ويمكن احتساب معيار عائد الاستثمار على امتداد عمر المشروع. كما في المثال الآتي: ففي مشروع افتراضي تبسيطي عمره (6) سنوات وحجم الاستثمار الكلي يبلغ (100) الف دينار، يتم انفاقه خلال سنة واحدة (السنة صفر) ويبدأ الانتاج في السنة رقم (1). ويتم احتساب معدل العائد خلال سنوات عمر المشروع باستخدام المتوسط السنوي للعوائد والتكاليف كما في الجدول رقم (4-3) أدناه.

جدول رقم (4-3)

العوائد والتكاليف والمتوسط السنوي لمشروع استثماري (الف دينار)

السنوات	قيمة الاستثمار والاهتلاك	العوائد السنوية	الضرائب	الفوائد	العوائد ناقصا الضرائب	العوائد ناقصا الضرائب والفوائد	الارباح= العوائد ناقصاً الاستثمار	الارباح ناقصا الضرائب
0	60	-	-	-	-	-	(100)	(100)
1 (1+0)	100	80	10	8	70	62	-20	-30
2	40	100	10	8	90	82	60	50
3	40	100	10	8	90	82	60	50
4	40	100	10	8	90	82	60	50
5	40	100	10	8	90	82	60	50
6	40	100	10	8	90	82	60	50
المجموع	300	580	60	48	520	472	280	220
المتوسط السنوي	50	96.7	10	8	86.7	78.7	46.7	36.7

ومن ارقام الجدول رقم (4-3) أعلاه يمكن احتساب معدل العائد السنوي للمشروع خلال سنوات عمره الافتراضي باستخدام صيغ متعددة كالاتي:

1) $\dfrac{\text{المتوسط السنوي للعوائد الكلية}}{\text{المتوسط السنوي للتكاليف الكلية}} = \dfrac{96.7}{50} = 1.93$

2) المتوسط السنوي للعوائد ناقصاً الضرائب = $\frac{86.7}{50}$ = 1.73

المتوسط السنوي للتكاليف الكلية

3) المتوسط السنوي للعوائد ناقصاً الضرائب والفوائد = $\frac{78.7}{50}$ = 1.57

المتوسط السنوي للتكاليف الكلية

4) المتوسط السنوي للارباح = $\frac{46.7}{56}$ = 0.93

المتوسط السنوي للتكاليف الكلية

5) المتوسط السنوي للارباح ناقصا الضرائب = $\frac{36.7}{50}$ = 0.73

اجمالي التكاليف الاستثمارية الاولية

وعند المفاضلة بين اعتماد سنة واحدة عادية لحساب معدل العائد البسيط وبين اعتماد القيم المتوسطة خلال سنوات عمر المشروع فان الثاني يفضل على الأول لانه يعكس أداء المشروع على امتداد سنوات عمره الاقتصادي، فصلاً عن صعوبة ايجاد سنة واحدة تمثل أداء المشروع.

وبشكل عام فان المشروع ذي المعدل الاعلى للربحية يفضل على مثيله ذي المعدل الاوطأ للربحية، الا ان هناك بعض المشكلات التي تبرز في هذا المضمار ومنها:

1. ان المشروع ذي العمر الاطول يفضل على المشروع ذي العمر الاقصر، وذلك لان الاول يتمكن من جمع موارد أكبر من المشروع الثاني، في حين ان هذا المعيار لا يأخذ ذلك بنظر الاعتبار وأنه يفضل المشروع ذي المعدل الاعلى للربحية حتى ولو كانت حياته أقصر من حياة المشروع الآخر.

2. حتى وان كانت المشروعات لها فترة حياة متساوية فان معيار معدل العائد البسيط (الربحية) لا يأخذ بنظر الاعتبار امكانية اعادة استثمارالارباح. فالمشروع الذي يحقق عوائد مرتفعة في السنوات الاولى من عمره هو افضل من المشروع الذي يحقق عوائد في السنوات الاخيرة من عمره لان المشروع الاول يمكن ان يعيد استثمار أرباحه ويحقق عوائد اكثر من المشروع الآخر ذي المعدل الاعلى للربحية ولكن العوائد الكبيرة لديه تتحقق في السنوات الاخيرة من حياته.

وعلى هذا الاساس يمكن القول بانه على الرغم مما يميز هذا المعيار من البساطة الا انه ينطوي على بعض العيوب ونقاط الضعف. ولكن رغم ذلك يمكن الاعتماد عليه في احتساب بعض جوانب الربحية التجارية بشكل سريع.

4.4 معيار القيمة الحالية الصافية Net Present Value

قبل ان نتناول معيار القيمة الحالية الصافية لا بد من التعرض إلى مفهوم الفائدة والخصم (Interest & Discounting) والقيمة الحالية للنقود والتدفقات النقدية (Cash Flows) ، ذلك لان القيمة الحالية الصافية تأخذ القيمة الزمنية للتدفقات النقدية الداخلة والخارجة وتقوم بخصم كافة التدفقات لاعادة قيمتها إلى السنة الحالية.

1.4.4 الفائدة والخصم

من المعروف ان الفائدة هي عبارة عن مقدار معين من النقود يدفع من قبل الشخص المقترض الى الجهة المقرضة، أو مقدار من النقود يحصل عليه الشخص المقرض عند ايداعه مبلغاً من المال لدى البنك بعد انقضاء فترة زمنية معينة (سنة عادة).

وعلى سبيل المثال اذا أودعنا مبلغاً من المال مقداره (A) لمدة سنة واحدة بمعدل فائدة مقداره r% فسوف يصبح المبلغ الكلي *A (المبلغ الاصلي مع الفائدة) في نهاية السنة مساوياً الى:

$$A^* = A + Ar \quad ...... (4)$$

$$= A(1 + r)$$

أي ان المبلغ الكلي (*A) يساوي المبلغ الاصلي (A) مضروباً بالمقدار (r + 1) . واذا اودعنا نفس المبلغ أعلاه لمدة (n) من السنين فستكون جملة المبلغ مع الفائدة *A بعد (n) من السنين:

$$A^* = A(1 + r)^n \quad ...... (5)$$

أي ان جملة المبلغ مع الفائدة ستكون بعد (n) من السنين مساوية الى المبلغ الاصلي مضروباً بـ $(1 + r)^n$. وهذا هو قانون الفائدة المركبة.

وعلى سبيل المثال اذا أودعنا مبلغ 100 دينار بفائدة مقدارها 10% لمدة 15 سنة فستكون جملة المبلغ (أو المبلغ مع الفائدة) نهاية السنة الخامسة عشر نحو:

$$A^* = 100 \times (1 + 0.1)^{15}$$

$$= 100 \times 4.177$$

= 418 دينار

ولسهولة احتساب المقدار (r + 1) يتم اللجوء عادة الى جداول خاصة بالفائدة المركبة بمستويات مختلفة من الفائدة ولعدد من السنين، ومن ثم يتم ضرب ذلك المقدار في المبلغ الاصلي لاحتساب جملة المبلغ. وفي مثالنا أعلاه فان قيمة $(1.1)^{15}$ تساوي 4.177.

أما موضوع الخصم (Discounting) فاننا في هذه الحالة نهتم بمعرفة القيمة الحالية لمبلغ نتوقع استلامه في فترة مستقبلية. فاذا كنا نستثمر دينار واحد اليوم ونحصل على 1.100 دينار في السنة القادمة. لذلك فان 1.100 دينار الذي نستلمه بعد سنة من الآن يعادل دينار واحد نستلمه اليوم. لذلك فان دينار واحد بعد عام له قيمة حالية تساوي $\left(\frac{1}{1.100}\right)$ ويعادل 0.910 دينار في حالة كون سعر الخصم (معدل الفائدة) هو 10%. وعلى نفس المنوال فان دينار واحد نستلمه بعد 15 سنة له قيمة حالية تساوي $\frac{1}{(1+0.1)^{15}}$ = 0.24 دينار.

وعليه فبدلاً من ان نضرب لكل سنة بـ (1 + r) كما نفعل مع حسابات الفائدة المركبة فاننا نقسم بالمقدار المذكور لنحصل على القيمة الحالية، وهكذا فان معامل الخصم (Discount Factor) هو عبارة عن مقلوب معدل الفائدة المركبة. وبالصيغة العامة فان القيمة الحالية لمبلغ (A) الذي نحصل عليه في (n) من السنين هي:

$$A = \frac{A^*}{(1+r)^n} = A^* \ (1+n)^{-n} \quad \text{.......................} (6)$$

حيث ان:

A = القيمة الحالية للمبلغ.

*A = القيمة بعد (n) من السنين.

وعليه فان $\frac{1}{(1+r)}$ هو معامل الخصم.

وهكذا نرى بان عملية الخصم ما هي الا وسيلة لايجاد القيمة الحالية لمبلغ معين نستلمه في المستقبل. وان نسبة الفائدة المستخدمة في الخصم تسمى سعر الخصم (Discount Rate) والاختلاف الوحيد بينهما يتلخص باننا في نسبة الفائدة المركبة

نفترض النظر من الحاضر الى المستقبل، بينما يعني الخصم النظر من المستقبل إلى الحاضر.

2.4.4 القيمة الحالية للنقود

حيث أن التكاليف والمنافع لدى المشروعات الاستثمارية تتوزع اعتيادياً على عدد من السنوات، لهذا فان هناك حاجة لجعل التكاليف والمنافع التي تحدث في اوقات مختلفة بشكل يسمح لمقارنتها مع بعضها وذلك للحصول على رقم واحد يدلل على ربحية المشروع. ذلك لان الدينار الذي نستلمه بعد عشر سنوات لا تساوي قيمته الدينار الذي نستلمه اليوم وذلك للاسباب الاتية:

(1) ان الدينار الذي نحصل عليه اليوم يمكن استثماره للحصول على مبلغ اكبر من الدينار خلال النسوات العشر مثلاً.

(2) ثم انه بغض النظر عن احتمال استثمار الاموال فان الناس يفضلون امتلاك الاشياء اليوم بدلاً من امتلاكها في المستقبل.

ان مثل هذه المسألة يمكن معالجتها من خلال طريقة الخصم للتكاليف والمنافع المستقبلية وذلك لجعل هذه التكاليف والمنافع التي تحصل في المستقبل قابلة للمقارنة مع مثيلاتها التي تحدث اليوم. ويمكن القول بان عملية الخصم هذه بمثابة اعطاء وزن أقل للتكاليف والمنافع التي تحدث في المستقبل بالمقارنة مع مثيلاتها التي تحدث الآن. وبذلك يمكن استخلاص القيمة الحالية للتدفقات النقدية المستقبلية كما تم شرحه آنفاً. فاذا فرضنا باننا نستلم دينار واحد بعد عام من الان، وان سعر الخصم هو 7% فان قيمته الحالية (اليوم) هي $\frac{1}{1.07}$ وتعادل 0.935 دينار. وعلى نفس المنوال فان دينار واحد نستلمه بعد 15 سنة له قيمة حالية عند سعر خصم 7% تساوي:

$$\frac{1}{(1+0.07)^{15}} = 0.362 \text{ دينار}$$

ومن النظر إلى جدول معاملات الخصم نحصل على قيمة المعامل المذكور تحت سعر خصم 7% وللسنة الخامسة عشرة.

وبالنسبة للتدفقات النقدية لمشروع ما فإذا كنا نتوقع سلسلة من الدخول (التدفقات) خلال عدد من السنين فيمكن ايجاد القيمة الحالية لكل السلسلة بواسطة الجمع للقيم الحالية لكل التدفقات أو المدخولات كما في المثال الآتي:

مثال: القيمة الحالية لسلسلة من العوائد

نفترض ان مشروع استثماري يحصل على الارباح المبينة في الجدول رقم (4-4)، أدناه خلال الفترة من صفر (هذه السنة) إلى السنة 4، ونفترض ان سعر الخصم يساوي 10% سنوياً فأن القيمة الحالية للسلسلة من التدفقات (المدخولات) يمكن حسابها من خلال معامل الخصم $(1 + r)^{-n}$ لكل سنة (أو ننظر إلى معامل الخصم المناسب في الجدول الخاص) بذلك ومن ثم نضرب المدخولات لكل سنة بمعامل الخصم المناسب للحصول على القيم الحالية لكل من الايرادات السنوية. وبعدها يتم جمع القيم الحالية للحصول على القيمة الحالية لكل السلسلة كما يأتي:

جدول رقم (4 – 4) القيمة الحالية للمدخولات.

(1) السنة	(2) الأرباح	(3) معامل الخصم سعر الخصم 10%	(2) × (3) = (4) القيمة الحالية
0	100	1	100.00
1	200	0.9091	181.82
2	300	0/8264	247.92
3	400	0.7513	300.52
4	400	0.6830	273.20
			1103.46

وهكذا فان القيمة الحالية لكل السلسلة هي 1103.46 دينار.

وبموجب الصيغة الرياضية العامة لاحتساب القيمة الحالية لسلسلة من التدفقات أو المدخولات (A) لفترة (t) من السنوات بمعدل خصم مقداره r% تساوي:

$$A^* = \sum_{t=0}^{n} \frac{A_t}{(1+r)^t} = \sum_{t=0}^{n} A_t (1+r)^{-t}$$

3.4.4 التدفقات النقدية (Cash Flows)

بعد احتساب التكاليف والمبيعات والارباح والضرائب ... الخ. يمكن عندها حساب صافي حركة النقد للمشروع. فالنقد ينساب إلى الخارج، في حالة بناء المشروع، على شكل نفقات مختلفة، ثم ينساب النقد الى الداخل على شكل ايرادات. والفرق بين الايرادات والنفقات يمثل صافي حركة النقد.

والجدول رقم (4-5) أدناه بين حساب حركة النقد لمشروع افتراضي من خلال احتساب القيمة الفعلية للتكاليف والعوائد في كل سنة وصافي حركة النقد لكل سنة. ان لهذا المشروع ثلاث فقرات للتكاليف وهي المعدات والاجور والمواد الخام، وعائد واحد يمثل الدخل من المبيعات.

جدول رقم (4-5): حساب صافي حركة النقد

السنة (1)	المعدات (2)	الاجور (3)	المواد (4)	المبيعات (5)	صافي حركة النقد (6) = 5-2-3-4
0	1000	0	0	0	(1000)
1		100	200	500	200
2		150	250	700	300
3		250	350	1000	400
4		250	350	1000	400
5		250	350	1000	400
6		250	350	1000	400
7		250	350	1000	400
8		250	350	1000	400
9		250	350	1000	400

- يلاحظ من الجدول بان قيمة المعدات في العمود رقم (6) وضعت بين قوسين للدلالة على اشارة السالب.
- في حالة وجود ضرائب على الارباح فانها تخصم من المبيعات على اساس نسبة الضريبة.
- بخصوص الاهتلاك فانه يكون جزءاً من التكاليف لغرض حساب ضريبة الدخل على الارباح (أي انها تطرح من العوائد) ثم بعدها تضاف إلى الربح الصافي للحصول على صافي حركة النقد باعتبارها في الواقع هي واردات وليست نفقات.

معيار القيمة الحالية الصافية (NPV)

تعرّف القيمة الحالية الصافية بانها تمثل قيمة الفائض في هذا اليوم الذي يولده المشروع فوق المبلغ الذي يستطيع ان يولده من الاستثمار في افضل بديل ممكن[5]. وتقاس القيمة الحالية الصافية للمشروع بالفرق بين القيمة الحالية للتدفقات النقدية الداخلة والقيمة الحالية للتدفقات النقدية الخارجة. ويعني هذا بان جميع التدفقات السنوية يتعين خصمها إلى النقطة الزمنية صفر (مرحلة بداية التنفيذ) على اساس سعر خصم محدد مسبقاً.وعند طرح التدفقات النقدية الخارجة (التي تمثل المصروفات) من التدفقات النقدية الداخلة (التي تمثل الايرادات) بدون عملية الخصم فاننا نحصل على ما يسمى بـ صافي التدفق النقدي(Net Cash Flow). أما عندما نقوم بخصم صافي التدفق النقدي، أي نطرح القيمة الحالية للتدفقات الخارجة من القيمة الحالية للتدفقات الداخلة فاننا نحصل على ما يعرف بـ القيمة الحالية الصافية (Net Present Value) ان هذه الطريقة (طريقة التدفق النقدي المحسوم) تسمح، بشكل اتوماتيكي للمشروع بان يسترد استثماره الاولي. ويتميز هذا المعيار عن المعيارين السابقين (معيار فترة الاسترداد ومعيار معدل العائد البسيط) بانه يأخذ في الاعتبار تغير القدرة الشرائية للتدفقات النقدية وتكلفة الفرصة للموارد المستخدمة، فضلاً عن أنه يأخذ العمر الانتاجي للمشروع.

وعند تقييم المشروع من الضروري جمع التدفقات الخارجة أو التكاليف بعلامات سالبة) والتدفقات الداخلة أو المنافع (بعلامات موجبة) ونحصل على صافي التدفق النقدي، وبعد خصم صافي التدفق النقدي بسعر خصم معين نحصل على صافي التدفق النقدي المحسوم، أي القيمة الحالية الصافية للمشروع. ويمكن ان نحصل على نفس النتيجة اذا قمنا بخصم كل فقرة من التكاليف وكل فقرة من المنافع على حده ثم تجمع جمعاً جبرياً القيم الحالية لكل فقرة من فقرات التكاليف والمنافع

(على أساس ان التكاليف سالبة والمنافع موجبة). وباستخدام الرموز يمكن كتابة الصيغة العامة لمعادلة القيمة الحالية الصافية كالآتي:

$$NPV = NCF_0 + (NCF_1 . A_1) + (NCF2 . A_2) + (NCF_n . An) \quad .... (7)$$

حيث يكون:

NPN = القيمة الحالية الصافية للمشروع

NCF = التدفق النقدي الصافي للمشروع من السنة صفر إلى السنة n

A = معاملات الخصم للسنوات 1 إلى n المقابلة لمعدل الخصم المختار.

ويمكن التعبير عن المعادلة أعلاه بالصيغة الاجمالية الاتية:

$$NPV = \sum_{t=0}^{n} (CI - CO)_t . \Lambda_t \quad .... (8)$$

حيث يكون:

$\sum_{t=0}^{n}$ = مجموع العناصر لكل سنوات عمر المشروع من السنة صفر الى السنة n.

CI_t = التدفق النقدي الداخل في السنة t.

CO_t = التدفق النقدي الخارج في السنة t.

At = معامل الخصم في السنة t المقابلة للمعدل المختار للخصم.

ويمكن التعبير عن معادلة القيمة الحالية الصافية بالصيغة التفصيلية البديلة الآتية:

$$NPV = - \frac{CF_0}{(1+r)^0} + \frac{CF_1}{(1+r)^1} + \frac{CF_2}{(1+r)^2} + ... + \frac{CF_n}{(1+r)^n} = \sum_{t=0}^{n} \frac{CF}{(1+r)^t} > 0 \ ....(9)$$

حيث ان:

CF = التدفقات النقدية (Cash flow)

r = معدل الخصم (discount rate)

وان المعادلة أعلاه تقوم بجمع التدفقات النقدية المخصومة السالبة (التكاليف) والتدفقات النقدية المخصومة الموجبة (العوائد) لنحصل على القيمة الحالية لصافي العوائد والتي يتعين ان تكون موجبة لكي يتم قبول المشروع.

أما الصيغة الاجمالية لمعادلة القيمة الحالية الصافية فيمكن التعبير عنها كما يأتي:

$$NPV = \sum_{t=0}^{n} \frac{CI_t}{(1+r)^r} - \frac{CO_t}{(1+r)^t} > 0 \quad \ldots\ldots\ldots\ldots\ldots \quad (10)$$

أو هكذا

$$NPV = \sum_{t=0}^{n} - \frac{CO_t}{(1+r)^t} + \frac{CI_t}{(1+r)^t} > 0 \quad \ldots\ldots\ldots\ldots\ldots \quad (11)$$

ويمكن الافتراض بان القيمة الحالية الصافية للمشروع تزداد بزيادة التدفق النقدي الداخل وزيادة عدد سنوات عمر المشروع، ولكنها تقل بزيادة التدفق النقدي الخارج وارتفاع معدل الخصم. ويعكس معدل الخصم التفضيل الزمني وتكلفة الفرصة البديلة للاستخدامات لراس المال. وعليه فان هذه الطريقة تأخذ تكلفة الفرصة البديلة للاستثمار بنظر الاعتبار. ان ما تتميز به هذه الطريقة انها تعالج مسألة التفاوت الزمني لتحقق الموارد والنفقات، ولكنها تعطي حجماً للارباح التي يولدها المشروع وليس معدلاً لها، أي ان الطريقة لا تربط بين حجم الارباح المتحققة وبين اجمالي الاستثمار. ويتعين في هذه الطريقة تحديد معدل الخصم مسبقاً، (والذي يعتبر مساوياً لمعدل الفائدة على القروض طويلة الاجل للمشروعات).

ويعتبر المشروع بموجب هذه الطريقة مقبولاً تجارياً اذا كانت قيمته الحالية أكبر من الصفر، حيث في هذه الحالة يكون معدل ربحية المشروع يزيد على سعر

الخصم. وعندما تكون القيمة الحالية الصافية للمشروع صفراً فان ذلك يعني ان معدل الربح مساوي إلى سعر الخصم، وعندها يكون المشروع مقبولاً بالكاد. أما عندما تكون القيمة الحالية الصافية سالبة فان معدل الربح يقل عن سعر الخصم وعندها يرفض المشروع. وعند المقارنة بين مجموعة من المشروعات يتم اختيار المشروع ذي القيمة الحالية الصافية الاكبر.

ولتذليل مشكلة عدم ربط الارباح بحجم الاستثمار فيمكن استخراج نسبة القيمة الحالية الصافية إلى القيمة الحالية للاستثمار والتي تسمى بـ معامل القيمة الحالية الصافية أي القيمة الحالية الصافية كنسبة من الاستثمار، وكما في المعادلة الاتية:

$$NPVR = \frac{NPV}{P(I)} \quad \ldots\ldots\ldots\ldots\ldots\ldots (12)$$

حيث يكون:

NPVR= نسبة القيمة الحالية الصافية للمشروع الى القيمة الحالية لاجمالي الاستثمار (أو معامل القيمة الحالية الصافية).

NPV= القيمة الحالية الصافية للمشروع

P (I) = القيمة الحالية لاجمالي الاستثمار، ويساوي $I \left(\frac{1}{1+r}\right)^t$

ويبين معامل القيمة الحالية الصافية مقدار القيمة الحالية الصافية الناتج عن وحدة من اجمالي الاستثمار، مما يمكّن من مقارنة المشروعات البديلة.

ويمكن حساب القيمة الحالية الصافية للمشروع ومعامل القيمة الحالية الصافية باتباع الخطوات الآتية:

الخطوة الأولى: احسب التدفقات النقدية الداخلة على مدى عمر المشروع $(CI)_t$.

الخطوة الثانية: احسب التدفقات النقدية الخارجة على مدى عمر المشروع $(CO)_t$.

الخطوة الثالثة: استخرج صافي التدفقات النقدية لكل سنة على مدى عمر المشروع NCF وذلك بطرح Co_t من CI_t.

الخطوة الرابعة: حدد معدل الخصم المناسب.

الخطوة الخامسة: أوجد من جداول القيمة الحالية معامل الخصم الخاص بكل سنة والمقابل لمعدل الخصم المختار.

الخطوة السادسة: اضرب القيمة الاسمية لصافي التدفق النقدي لكل سنة بمعامل الخصم المقابل للحصول على قيمتها الحالية.

الخطوة السابعة: اجمع القيم الحالية لصافي التدفقات النقدية لكل السنوات للحصول على القيمة الحالية الصافية للمشروع.

الخطوة الثامنة: اذا ما كان مطلوباً ايجاد معامل القيمة الحالية الصافية فنقوم باحتساب القيمة الحالية الاجمالي الاستثمار، مستخدمين نفس معدل الخصم السابق، ثم نقسم القيمة الحالية الصافية للمشروع على القيمة الحالية للاستثمار.

وتجدر الاشارة الى أن المشروع الافضل والمقبول هو الذي يحقق قيمة حالية صافية موجبة واكبر من بقية المشروعات، والمشروع يكون مقبولاً اقتصادياً عندما يحقق قيمة حالية صافية (NPV) موجبة.

وهناك صيغة أخرى لاحتساب القيمة الحالية الصافية عن طريق الجداول بدلاً من صيغة المعادلة الرياضية المذكورة أعلاه. وسوف نطبق هذه الصيغة من خلال المثال الآتي[6]:

مثال: احتساب القيمة الحالية الصافية من الجدول

لدينا البيانات الاتية حول مشروعين (أ) و (ب) كما في الجدول رقم (4 – 6) أدناه:

جدول رقم (4-6) حساب القيمة الحالية الصافية

المعلومات	المشروع (أ)	المشروع (ب)
التكلفة الاستثمارية الاولية	18000	24000
العمر الانتاجي (سنة)	4	5
القيمة في نهاية عمر المشروع		
(الخردة)	4000	5000
التدفقات النقدية السنوية		
1	5000	3000
2	7000	3000
3	7000	4000
4	8000	4000
5	-	3000

اذا علمت ان سعر الخصم هو 8%

المطلوب:

1. حدد أي من المشروعين هو الافضل، ولماذا؟ باستخدام معيار NPV.
2. رتب المشروعين حسب أفضليتهما.
3. أي من المشروعين يعتبر مقبولاً اقتصادياً ولماذا؟

الجواب:

نقوم بترتيب المعلومات أعلاه في جدول رقم (4-7) لغرض حل السؤال وكما يأتي:

جدول رقم (7-4) حساب القيمة المضافة الصافية لمشروعين

المشروع – ب-		المشروع-أ-		القيمة الحالية	
القيمة الحالية (2)×(5)=(6)	العائد السنوي (5)	القيمة الحالية (2)×(3)=(4)	العائد السنوي (3)	للدينار بسعر خصم8% (2)	السنة (1)
2778	3000	4630	5000	0.926	1
2571	3000	5999	7000	0.857	2
2176	4000	5558	7000	0.794	3
2940	4000	8820	= 4000 + 8000 12000	0.735	4
5448	3000 + 5000 = 8000	-	-	0.681	5

+17913	+ 25007	مجموع القيمة الحالية للتدفقات الداخلة
24000-	18000 -	مجموع القيمة الحالية للتدفقات الخارجة
6087 (-)	7007	القيمة الحالية الصافية
الثاني	الاول	حسب الافضلية

1. يظهر الجدول بان المشروع (أ) هو الافضل لانه يحقق قيمة حالية صافية أكبر من المشروع (ب).

2. المشروع (أ) في المرتبة الاولى ثم المشروع (ب) في المرتبة الثانية.

3. المشروع (أ) يعتبر مقبولاً اقتصادياً لانه يحقق NPV موجبـة في حين ان المشروع (ب) يحقـق NPV سالبة ولذلك فهو مرفوض.

والجدول رقم (4-8) يوضح كيفية إحتساب القيمة الحالية الصافية وبالأرقام لمشروع افتراضي.

وفي معرض تقييم معيار صافي القيمة الحالية فنشير إلى انه يستخدم في حالة عدم وجود حدود للمبالغ التي يمكن اقتراضها لتمويل المشروعات بسعر الفائدة السائد في السوق، ولهذا فان كل مشروع يحقق عائداً يفوق سعر الفائدة السائد يكون مقبولاً. وعليه تقبل جميع المشروعات التي تحقق صافي قيمة خالية موجبة. ورغم أهمية وفائدة هذا المعيار فانه يؤخذ عليه العيوب الآتية :

1. يتطلب احتساب هذا المعيار تحديد معدل الخصم المناسب مسبقاً.
2. يفترض هذا المعيار ضمنياً ان صافي التدفق سوف يعاد استثماره بمعدل عائد مساو لمعدل الخصم، ولا يوجد ما يضمن صحة مثل هذا الافتراض.
3. ان هذا المعيار يبين فقط تحقق حالة الربح أو الخسارة ولا يبين حجم الربح الحقيقي أو الخسارة الحقيقية ولهذا يفضل البعض معياراً آخر يحدد معدل الربح وهو المعدل الداخلي للعائد (IRR) والذي سيتم شرحه في أدناه.

جدول رقم (4-8)
حساب صافي القيمة الحالية

البنود	0	1	2	3	4	5	6	7	8	9	10	11	12	13	14	15	16	17	18	19
ـدفقات النقديـة ية (CI)	-	-	70	100	100	100	100	100	100	100	100	100	100	100	100	100	100	100	100	100
:ات المبيعات .ول رقم 8 الصف	-	-	70	100	100	100	100	100	100	100	100	100	100	100	100	100	100	100	100	100
مة المتبقية .ول رقم 8 الصف	-	-	-	-	-	-	-	-	-	-	-	-	-	-	-	-	-	-	-	-
انات .ول رقم 8 الصف	-	-	-	-	-	-	-	-	-	-	-	-	-	-	-	-	-	-	-	-
تـدفقات النقديـة عيةCO	100	100	40	65	65	65	65	65	65	65	65	66	66	66	66	66	66	66	66	66
تثمار .ول رقم 8 الصف	100	100	-	-	-	100	100	-	-	-	-	-	-	-	-	-	-	-	-	-
روفات النقدية .ول رقم 8 الصف	-	-	40	60	60	60	60	60	60	60	60	60	60	60	60	60	60	60	60	60
رائب .ول رقم 8 الصف ي للصف 1. 4)	-	-	-	5	5	5	5	5	5	5	5	6	6	6	6	6	6	6	6	6
صافي التـدفقات ة (1-11)	(100)	(100)	30	35	35	35	35	35	35	35	35	34	34	34	34	34	34	34	34	34
معامل الخصم عند 7%	1	93.	87.	82.	76.	71.	67.	..62	58.	54.	51.	47.	..44	41.	39.	36.	34.	..32	30.	28.
ـيمـة الحاليـة التدفقات النقدية عدل الخصم قدره	(100)	(93)	26.1	28.7	26.6	24.9	23.5	21.7	20.3	18.9	17.9	16.0	15.0	13.9	13.3	12.2	11.6	10.9	10.2	9.5

5.4 معيار المعدل الداخلي للعائد (IRR) Internal Rate of Return

يختلف هذا المعيار عن المعايير الاخرى المعتمدة على القيم المخصومة للعوائد والتكاليف في أن معدل الخصم هنا يكون مجهولاً، والمطلوب معرفة قيمة ذلك المعدل والذي يجعل القيمة الحالية الصافية (NPV) للمشروع مساوية للصفر، وان ذلك المعدل هو المعدل الداخلي للعائد (IRR). وبعبارة اخرى فان المعدل الداخلي للعائد هو سعر الخصم الذي يجعل القيمة الحالية للعوائد المتوقعة للمشروع مساوية للقيمة الحالية للتكاليف المتوقعة خلال عمره الانتاجي، وكما في المعادلة الآتية:

$$NPV = \sum_{t=0}^{n}\left(CI_t - CO_t\right)\left(\frac{1}{1+r}\right)^t = 0 \quad \ldots\ldots\ldots\ldots\ldots\ldots (13)$$

أو :

$$NPV = \sum_{t=0}^{n} CI_t/(1+r)^t = \sum_{t=0}^{n} CO_t/(1+r)^t \quad \ldots\ldots\ldots\ldots (14)$$

وفي المعادلتين أعلاه فان (r) هو المعدل الداخلي للعائد.

وتجدر الاشارة بان المعدل الداخلي للعائد يمثل معدل الربح الفعلي للمشروع خلال عمره الانتاجي، وهو المعدل الذي يكون عنده المشروع قادراً على تغطية تكاليفه الاستثمارية وتكاليف التشغيل وتكاليف راس المال على اساس معدل خصم مساو إلى معدل العائد الداخلي.

ولغرض حساب المعدل الداخلي للعائد فبدلاً من خصم التدفقات النقدية (الداخلة والخارجة) بمعدل خصم ثابت ومحدد مسبقاً كما هو الحال عند حساب (NPV) فان معيار (IRR) يتم حسابه عن طريق التجربة والخطأ وذلك من خلال ايجاد قيمة معدل الخصم الذي يجعل القيمة الحالية الصافية (NPV) مساوية للصفر، أو يجعل القيمة الحالية للتدفقات الداخله مساوية للقيمة الحالية للتدفقات الخارجة.

ولهذا الغرض فاننا نقوم برفع سعر الخصم إلى الحد الذي يجعل قيمة (NPV) مساوية للصفر. أي إننا نقوم بحل معادلة الـ (NPV) أعلاه لنجد قيمة سعر الخصم (r) الذي يمثل المعدل الداخلي للعائد.

ان القيمة الحالية الصافية في معظم المشروعات تكون موجبة عند معدلات خصم منخفضة، ثم تنخفض كلما ارتفع معدل الخصم حتى تصل إلى قيمة سالبة. ولسوء الحظ ليس هناك معادلة أو طريقة مباشرة لاحتساب المعدل الداخلي للعائد، ولذلك يتم التوصل إليه عن طريق التجربة والخطأ. فاذا أعطى معدل الخصم المستخدم قيمة موجبة للـ (NPV) فيجب عندها ان نجرب معدل خصم أعلى. واذا اعطى معدل الخصم قيمة سالبة للـ (NPV) فنقوم بتخفيض معدل الخصم ثم نستمر على هذا المنوال حتى نصل الى المعدل الذي يجعل قيمة الـ (NPV) تصل للصفر وعندها يكون هذا المعدل هو المعدل الداخلي للعائد.

الا ان هذه الطريقة قد تكون مجهدة وطويلة، وقد يكون من المفيد استخدام طريقة مختصرة تستند على استخراج قيمتين للـ (NPV)، واحدة موجبة قريبة من الصفر والاخرى سالبة وقريبة من الصفر أيضاً. ولتفادي جولات من الحساب يمكن استخدام المعادلة الاتية والتي تعرف بطريقة التقريب الخطي (interpolation)، وهي ان نختار معدلين للخصم، احدهما منخفض بحيث يجعل الـ (NPV) موجباً ويطلق عليه الحد الادنى، وثانيهما مرتفع بحيث يجعل الـ (NPV) المقابل له سالباً ويطلق عليه الحد الاعلى. ثم تستخدم معادلة التقريب الخطي لتقدير (IRR) وهي:

$$IRR = i1 + \frac{PV(i2 - i1)}{PV + NV} \quad \ldots\ldots\ldots\ldots\ldots\ldots (15)$$

حيث ان:

IRR = المعدل الداخلي للعائد.

PV = القيمة الموجبة للـ (NPV) عند معدل الخصم الاصغر.

NV = القيمة السالبة للقيمة الحالية الصافية عند معدل الخصم الاكبر بصورة مطلقة (أي اهمال علامة السالب).

i1 = معدل الخصم الاصغر الذي تكون عنده القيمة الحالية الصافية موجبة وقريبة من الصفر.

i2 = معدل الخصم الاكبر الذي تكون القيمة الحالية الصافية عنده سالبة وقريبة من الصفر.

والمهم ان تكون كل من القيمة الموجبة PV والقيمة السالبة NV قريبتان من الصفر، وهذا معناه أن i1 و i2 قريبتان من بعضهما، وان الفرق بينهما لا يزيد على 5%. وتفترض هذه الطريقة ان العلاقة بين معدل الخصم و (NPR) علاقة خطية.

مثال:

لغرض حساب المعدل الداخلي للعائد نحتاج فقط الى القيمة الحالية الصافية للمشروع والمبينة في الجدول أدناه. ثم نبدأ بخصم هذه القيمة بمعدلات خصم مختلفة حتى تتحول القيمة الحالية الصافية من الموجب إلى السالب وكما يأتي:

معدل الخصم	القيمة الحالية الصافية للمشروع (الف دينار)
%7	141.2
%11	52.95
%14.5	3.32
%14.7	1.014
%14.8	(0.121) سالبة

وهكذا نرى بان زيادة معدل الخصم باستمرار أدت إلى تخفيض القيمة الحالية الصافية وجعلها تقترب من الصفر عند معدل خصم 14.7%. وعند رفع معدل الخصم الى 14.8% تحولت القيمة الحالية الصافية الى سالبة (0.121) ولهذا يجب الانتقال إلى معدل خصم أقل. وعليه فان المعدل المطلوب يقع بين 14.7% وبين 14.8% وان مثل هذا التقريب يفي بالغرض. وهنا نستخدم معادلة التقريب الخطي (Interpolation) لايجاد المعدل الداخلي للعائد كما يأتي:

$$IRR = 14.7 \quad \frac{1.014(14.8-14.7)}{1.014+0.121}$$

$$IRR = 14.79\%$$

ويتعين مقارنة هذا المعدل الداخلي للعائد 14.79% مع المعدل المعياري للفائدة والذي يدفع على القروض طويلة الاجل في السوق المالية. وعندما نريد تحقيق المزيد من الدقة فيتعين مقارنة المعدل الداخلي للعائد ايضاً مع معدل قياسي خاص بمشروعات نموذجية ضمن نفس المواصفات النمطية للمشروع المقترح، أو مع معدل مستمد من دراسات اخرى خاصة بمشروعات بديلة تم التحقق من ربحيتها الفعلية سابقاً. وحيث ان الـ IRR يحدد العائد على راس المال المستثمر فانه يشير الى أقصى معدل للفائدة يستطيع المشروع أن يدفعه دون التعرض للصعاب.

ومما يعاب على هذا المعيار ما يأتي:

1. طريقة احتسابه ليست سهلة، فقد يكون هناك أكثر من حل واحد للمعادلة عندما تتغير اشارة التدفق النقدي اكثر من مرة. وعندها يوجد اكثر من معدل واحد للعائد الداخلي.

2. ان طريقة احتساب المعيار لا تأخذ حجم المشروع بنظر الاعتبار وانما فقط معدل العائد، وعليه فان هذه الطريقة تفضل المشروع الذي يحقق معدل عائد 25% على المشروع الذي يحقق 20% مثلاً رغم ان حجم انتاج الاول قد يكون نصف حجم انتاج الثاني.
3. ومن الانتقادات الاخرى على معيار المعدل الداخلي للعائد هي ان المعيار يفترض بان التدفقات المتوقعة يعاد استثمارها عادةً بنفس سعر الخصم المستخدم، وهذا أمر غير منطقي خاصة بالنسبة للاستثمارات الكبيرة التي تستخدم اسعار خصم مرتفعة.

6.4 معيار العائد / التكلفة Benefit / Cost Ratio (BCR)

يشترك هذا المعيار مع معيار القيمة الحالية الصافية (NPV) في الخصائص الرئيسية المتعلقة بمعدل الخصم المالي وبعمر المشروع الانتاجي وكذلك بالتمييز بين العوائد والتكاليف المخصومتين. ويقوم هذا المعيار بتنسيب العوائد المخصومة إلى التكاليف المخصومة، بدلاً من طرح التكاليف المخصوسة من العوائد المخصومة كما هو الحال مع معيار (NPV). ويطلق على هذا المعيار احياناً بالرقم القياسي للربحية (Profitability Index).

والصيغة النموذجية لاحتساب معدل العائد / التكلفة هي:

$$\text{معيار العائد / التكلفة} = \frac{\text{القيمة الحالية للعوائد}}{\text{القيمة الحالية للتكلفة الاستثمارية الاولية}}$$

وبالرموز:

$$BCR = \frac{\sum R_t \frac{1}{(1+r)^t}}{\sum C_t \frac{1}{(1+r)^t}} \qquad \ldots\ldots\ldots\ldots\ldots\ldots\ldots \quad (25)$$

حيث يكون:

Rt = العوائد خلال سنوات عمر المشروع.

Ct = التكاليف خلال سنوات عمر المشروع.

r = معدل الخصم المستمد من الاتجاهات المتوقعة لاسعار الفائدة.

t = الزمن بالسنوات.

ويحدد هذا المعيار العائد الاجمالي للوحدة النقدية المستثمرة، وان هذا العائد الاجمالي يتكون من الدينار الاصلي المستثمر + العائد الصافي (الربح).

ويعتبر المشروع مقبولاً اقتصادياً اذا كانت النتيجة أكبر من واحد صحيح، ويرفض المشروع اذا كانت النتيجة اصغر من واحد صحيح.

ولتطبيق المعيار السابق، نتصور البيانات حول الايرادات والتكاليف ومعامل الخصم (على اساس سعر خصم 10%) لمشروعين هما مشروع (A) ومشروع (B) والعمر الانتاجي للاول 5 سنوات والعمر الانتاجي للثاني 6 سنوات وذلك في الجدول رقم (4 - 6) أدناه[7]:

جدول رقم (4 – 9)

إيرادات وتكاليف المشروعين الاستثماريين (A) و (B) خلال سنوات العمر المتوقعة، وسعر الخصم = 10%

(السنة الاولى من عمر المشروع تتضمن التكاليف الاولية، وبعدها التكاليف الجارية)

المشروع (A)						المشروع (B)					
t	R الايرادات	C التكاليف	معامل الخصم $\frac{1}{(1.1)^t}$	R' الايرادات المخصومة	C' التكاليف المخصومة	t	R	C	معامل الخصم $\frac{1}{(1.1)^t}$	R'	C'
1	50	100	0.91	45.50	91.00	1	40	120	0.91	36.40	109.20
2	60	30	0.83	49.80	24.90	2	50	40	0.83	41.50	33.20
3	65	30	0.75	84.75	22.50	3	60	40	0.75	45.00	30.00
4	70	35	0.68	47.60	23.80	4	80	45	0.68	54.40	30.60
5	80	40	0.62	49.60	24.80	5	100	50	0.62	62.00	31.00
				241.25	187.00	6	120	55	0.56	67.20	30.80
										306.50	264.80

ومن الجدول رقم (4 – 9) أعلاه يمكن احتساب معدل العائد / التكلفة للمشروعين (A) و (B) كما يأتي:

$$BCR_A = \frac{241.25}{187.00} = 1.27$$

$$BCR_B = \frac{306.50}{264.80} = 1.16$$

ومن ذلك يتبين بان المشروع (A) يفضل على المشروع (B) وذلك لان معدل العائد / التكلفة للمشروع (A) أعلى من مثيله للمشروع (B).

وبغرض تضمين الاختلاف في عمر المشروع يمكن ضرب المعدلين المذكورين أعلاه في نسبة عدد سنوات العمر التقديري لكل مشروع الى مجموع سنوات المشروعين وذلك كما يأتي:

$$BCR_{At} = 1.27 \left(\frac{5}{11}\right)$$
$$= 0.577$$

$$BCR_{Bt} = 1.16 \left(\frac{6}{11}\right)$$
$$= 0.632$$

وبهذا التعديل يتغير ترتيب المشروعين الى (B) أولاً ثم (A) ثانياً.

في المثال أعلاه تم استخدام العائد بشكل عام دون تحديد نوعه، (قبل أو بعد الضريبة) ودون الاخذ بالاعتبار القيمة المتبقية للمشروع في نهاية عمره الانتاجي (أي الخردة). ولغرض أخذ هذه الامور بنظر الاعتبار نورد المثال الآتي[8] الذي يوضح كيفية التوصل إلى متوسط صافي العائد السنوي الذي يستخدم في حساب معدل العائد / التكلفة.

مثال:

اذا توفرت لديك المعلومات عن مشروعين (A) و (B) كما يأتي:

المعلومات	المشروع (A)	المشروع (B)
التكلفة الاستثمارية الاولية	6000	4000
العمر الانتاجي (سنة)	5	4
قيمة المشروع في نهاية عمره الانتاجي (كخرده)	1500	1000
التدفقات النقدية الداخلة قبل الاهتلاك والضريبة	2500	1500

فاذا علمت ان:

- سعر الخصم المستخدم هو 15%.
- وتستخدم طريقة القسط الثابت في حساب الاهتلاك السنوي.
- وتقدر ضريبة الدخل بـ 20% من العائد السنوي.

المطلوب:

1. حدد أي من المشروعين هو الافضل ولماذا؟ وذلك باستخدام معيار العائد/ التكلفة.
2. رتب المشروعين حسب افضليتهما.
3. حدد أي من المشروعين مقبول اقتصادياً، ولماذا؟

الجواب

لا بد من اتباع الخطوات الاتية للتوصل إلى المفاضلة

1. احتساب حصة الاهتلاك السنوي.
2. احتساب متوسط العائد السنوي بعد خصم الضريبة واضافة الاهتلاك.
3. يتم استخدام نفس متوسط العائد السنوي ولجميع سنوات العمر الانتاجي للمشروع، عدا السنة الاخيرة حيث يضاف لها قيمة الخردة، ثم يتم خصم

جميع التدفقات بسعر الخصم المعطى، من أجل تحويل القيم الجارية إلى قيم حالية.

4. يتم تنظيم جدول آخر.
5. يتم استخراج معيار العائد / التكلفة باستخدام الصيغة المذكورة آنفاً.
6. بعد ذلك تتم الاجابة على الاسئلة المطروحة.

المعلومات	المشروع (A)	المشروع (B)
حصة الاهتلاك السنوي	<u>1500 - 6000</u> 5 900	<u>1000 - 4000</u> 4 750
التدفقات النقدية السنوية قبل الاهتلاك والضريبة	2500	1500
الاهتلاك السنوي	900	750
العائد السنوي الخاضع للضريبة	1600	750
ضريبة الدخل 20%	320	150
متوسط العائد بعد الضريبة	1280	600
+ الاهتلاك السنوي	900	750
متوسط صافي العائد السنوي	2180	1350

ثم بعد ذلك ينظم جدول آخر يتضمن تحويل التدفقات النقدية الجارية إلى قيم حالية وكما يأتي:

السنة (1)	القيمة الحالية للدينار بخصم %15 (2)	المشروع (A)		المشروع (B)	
		تدفق نقدي (3)	قيمة حالية (4) = (3) × (2)	تدفق نقدي	قيمة حالية (6) = (5) × (2)
1	0.870	2180	1896.6	1350	8181
2	0.756	2180	1648.1	1350	4130
3	0.658	2180	1434.4	1350	3788
4	0.572	2180	1246.9	1000 + 1350	3415
5	0.497	1500 + 2180	1828.9		

مجموع القيمة الحالية للتدفقات

النقدية الداخلة : Σ 8055.0 Σ 4427.6

مجموع القيمة الحالية للتدفقات الخارجة : 6000 Σ 4000 Σ

صافي القيمة الحالية الداخلة / الخارجة = 8055.0 / 6000 = 4427.6 / 4000

= 1.432 = 1.107

حسب الافضلية الاول الثاني

أ- هنا يعتبر المشروع (A) هو الافضل لانه حقق عائداً اجمالياً على الدينار المستثمر أكبر من المشروع (B).

ب- يعتبر المشروعان مقبولين اقتصادياً لانهما حققا عائداً على الدينار المستثمر أكبر من الواحد الصحيح.

7.4 تقييم المعايير الاقتصادية المخصومة

بالرغم من المزايا التي تميزت بها المعايير الاقتصادية المخصومة، مثل تعاملها مع العديد من المتغيرات (مثل التكلفة الاستثمارية وقيمة الخردة، والعمر الاقتصادي للمشروع والتدفقات الداخلة والخارجة) وكذلك الاخذ في الاعتبار القيمة الزمنية للنقود الا انها تواجه العديد من الانتقالات وأهمها[9]:

1. افتراض اعادة استثمار الفوائض النقدية السنوية، ولجميع المشروعات البديلة، بمعدل خصم مساو لمعدل الخصم المستخدم. لكنه في الواقع العملي قد يحقق المشروع عائداً أكبر أو أقل من معدل الخصم عند اعادة استثمار تلك التدفقات من الفوائض. كما ان كلاً من معيار (NPV) ومعيار B/C ينطلقان من افتراض ثبات سعر الخصم المستخدم طيلة العمر الانتاجي لأي مشروع بديل لجميع التدفقات النقدية الداخلة والخارجة. وهذا يعني ان سعر الخصم يساوي سعر تكاليف اعادة الاستثمار طوال حياة المشروع، وان مثل هذا يمكن ان يؤدي إلى اعطاء الاولية لفرص استثمارية قد تكون ليست الافضل.
2. يعتمد كل من معياري (NPV) و B/C على معدل الخصم المحدد. وبما ان هذا المعدل يمثل تكلفة الاموال المستثمرة، ولذا فان اسعار الخصم المستخدمة قد تكون غير موضوعية وغير صحيحة، مما يؤدي إلى عدم دقة النتائج.
3. ان معياري NPV و B/C معياران عاجزان عن تحقيق اهدافهما بالكامل لوجود العديد من المشكلات. الا ان معيار (IRR) يعتبر معيار يتميز بنوع من الموضوعية في قياس الربحية، وذلك رغم بعض الانتقادات الموجهة اليه، والتي ذكرت آنفاً، ولكنه مع ذلك فان هذا المعيار تتوفر فيه الخصائص الاساسية الواجب توفرها في معيار التقييم السليم ولهذا فهو من المعايير المعتمدة في المفاضلة بين المشروعات البديلة.

واستناداً الى تجارب الدراسات السابقة يمكن القول بان الدراسات المعتمدة على القيم المخصومة يتعين ان تركز على عناصر التمييز والاختلاف الاتية[10]:

1. التمييز بين المشروعات الصغيرة والمشروعات الكبيرة من حيث:
   أ- اختلاف الثقل النسبي للالتزامات المالية والذي يختلف حسب حجم المشروع.
   ب- واقع الاستقلال الاقتصادي والاداري الذي يتميز به المشروع.
   ج- اختلاف العنصر التكنولوجي حسب احجام الانتاج، وهذا ما ينعكس على العمر المتوقع لكل مشروع.
2. التمييز بين مصادر التمويل المحلية والاجنبية وفي ظل الظروف المتباينة لواقع العجز أو الفائض في ميزان المدفوعات.
3. اعطاء اهتمام خاص ببعض المحددات ذات العلاقة بمعدلات تغير العوائد والتكاليف والارباح المستقبلية.
4. التمييز بين العمر الاقتصادي والعمر التكنولوجي للمشروع.

هوامش الفصل الرابع

(1) للمزيد من التفاصيل راجع:

- المنظمة العربية للتنمية الصناعية: دليل التقييم والمفاضلة بين المشروعات الصناعية للدول العربية، مرجع سابق، ص ص 84 - 104.

- د. هوشيار معروف، دراسات الجدوى الاقتصادية وتقييم المشروعات مرجع سابق، ص ص 114 - 138.

- د. كاظم جاسم العيساوي، مرجع سابق، ص ص 117 - 138.

- C. J. Hawkins & D. W. Pearce , Capital Investment.

- Appraisal, Macmillan Studies in Economics, 1971, pp 13 – 38.

(2) المعادلة تمثل الآتي:

الاستثمارات الاجمالية الاولية = مجموع (صافي الايرادات السنوية للفترة المعنية) وان صافي الايرادات السنوية = (الارباح الصافية + الاهتلاك).

وان الارباح الصافية السنوية = (اجمالي الايرادات السنوية - تكاليف التشغيل والضرائب).

(3) قارن: د. هوشيار معروف، مرجع سابق، ص ص 116 - 118.

(4) قارن:

C.J. Hawkins & D.W. pearce, op. cit., p 16.

(5) C.J. Hawkins & D.W. Pearce, op. cit. p 24.

(6) د. كاظم جاسم العيساوي، مرجع سابق، ص ص 152.

(7) المثال مستعار (مع بعض التعديل) من د. هوشيار معروف، مرجع سابق، ص 127.

(8) المثال مستعار (مع بعض التعديل) من د. كاظم جاسم العيساوي، مرجع سابق، ص ص 160 - 162.

(9) المرجع نفسه، ص ص 177 - 179.

(10) قارن: د. هوشيار معروف، مرجع سابق، ص 131.

الفصل الخامس

معايير الربحية الاقتصادية (القومية) للمشروعات:
الطرق الجزئية

1.5 مقدمة

2.5 طرق التقييم الجزئية (البسيطة)

أولاً: مساهمة المشروع في تحقيق القيمة المضافة

ثانياً: مساهمة المشروع في توفير فرص العمل

ثالثاً: أثر المشروع على توزيع الدخل القومي

رابعاً: مساهمة المشروع في ميزان المدفوعات وتوفير الصرف الاجنبي

خامساً: معايير أخرى

الفصل الخامس

تحليل الربحية الاقتصادية (القومية) للمشروع

1.5 مقدمة

هناك نوعان من طرق تحليل الربحية الاقتصادية (القومية): الاول يختص بالطرق الجزئية (البسيطة) والتي تستخدم مؤشرات اقتصادية جزئية لقياس تأثير المشروع على أحد جوانب الاقتصاد الوطني للحكم على جدوى المشروع، والثاني يختص بالطرق الشاملة والتي تقيس تأثير المشروع على الاقتصاد الوطني ككل. وسوف نتناول في هذا الفصل الطرق الجزئية في التقييم، فيما نتناول في الفصل اللاحق الطرق الشاملة.

ورغم أهمية وفائدة المعايير المختلفة للربحية التجارية (الخاصة) في تقييم المشروعات الصناعية ألا انها لا تصلح، أو بالاحرى غير كافية لتقييم المشروعات العائدة إلى القطاع العام، لانها لا تستطيع تبيان الربحية القومية، أي الربحية من وجهة نظر المجتمع ككل وليس من وجهة نظر صاحب المشروع فقط. ذلك لأن الدولة تأخذ بنظر الاعتبار التكاليف التي يتحملها المجتمع أو الاقتصاد الوطني ككل وكذلك المنافع التي تعود عليه. وقد لا تتفق بالضرورة مصلحة الفرد أو بعض الافراد مع مصلحة المجتمع ككل، وهذا ما يجعل المعايير التجارية غير ملائمة لتقييم الربحية القومية للمشروعات المختلفة. وفضلاً عن ذلك فان الربحية التجارية لا تعتبر أساساً متيناً يمكن الاستناد إليها لضمان الاستخدام الأكفأ للموارد الاقتصادية. فرغم إن الربح يعتبر معياراً اساسياً لنجاح المشروع الخاص إلا ان اتجاه المستثمرين نحو الفروع الاكثر ربحية قد لا يتفق مع التخصيص الامثل

للموارد، ولهذا يتعين على الحكومة تشجيع قيام المشروعات التي قد تكون ربحيتها التجارية أقل من وجهة نظر المشروع الخاص ولكن ربحيتها الاجتماعية كبيرة.

ويتشابه تحليل الربحية القومية من حيث الشكل مع تحليل الربحية التجارية، فكلاهما يسعى لتحديد المنافع والتكاليف، ثم بعد ذلك يتم تحديد الربحية الخاصة بالمشروع المقترح غير انهما يختلفان من وجوه عديدة:

1. ان المعايير التجارية تأخذ في الحسبان أسعار السوق السائدة، والتي تعكس ظروف العرض والطلب، وتدخلات الحكومة في النشاط الاقتصادي مثل الرقابة على الصرف الاجنبي وحماية المنتجات الوطنية من المنافسة الاجنبية، وربما بعض مظاهر الاحتكار السائدة في السوق المحلي. ومعلوم ان اسعار السوق السائدة لا تعكس بالضرورة الندرة النسبية للموارد الاقتصادية، ولا القيمة الاجتماعية للسلع والخدمات، بل تعكس الواقع القائم في توزيع الدخل وتدخلات الدولة في النشاط الاقتصادي. وبالمقابل فان الربحية القومية تأخذ الاسعار التي تعكس القيمة الاجتماعية للسلع والخدمات، وهي الاسعار المعدلة. وفي حالة افتراض سيادة حالة المنافسة التامة فان اسعار السوق يفترض ان تعكس القيمة الاجتماعية للسلع والخدمات، ألا ان الواقع يشير إلى ان شروط المنافسة الحرة الكاملة ليست متوفرة وخاصة في الاسواق والاقتصادات النامية، لذلك فان اسعار السوق السائدة لا تعكس الندرة النسبية للموارد الاقتصادية ولا القيمة الاجتماعية للسلع والخدمات. ولهذا فان الربحية التجارية لا تعطي صورة صحيحة عن مدى مساهمة المشروع في الاقتصاد القومي، بل فقط مساهمة المشروع في توليد الارباح الناجمة عن المشروع بالنسبة لصاحب المشروع فقط.

2. كما ان الربحية التجارية تختلف عن الربحية القومية من حيث أن الاولى تأخذ في الاعتبار المنافع والتكاليف المباشرة فقط وتهمل الآثار الخارجية غير المباشرة للمشروع على الاقتصاد الوطني. فالمشروع قد يلحق بعض الاضرار والتكاليف بالسكان عند حدوث حالة التلوث البيئي أو قد يستفيد المشروع من تواجد المشروعات القريبة منه من حيث توفر الايدي العاملة المدربة والشوارع والطرق والمرافق الخ. وعليه فقد يحقق المشروع المقترح وفورات خارجية (External Economies) لكن الربحية التجارية الخاصة (private profits) لا تعكس مثل هذه التكاليف أو المنافع على الاقتصاد الوطني، في حين ان الربحية القومية تأخذ ذلك في الاعتبار.
3. وبخصوص معالجة التفضيل الزمني فان الربحية التجارية تعالجها عن طريق استخدام أسعار الفائدة السائدة في سوق راس المال، في حين ان ذلك يتم بالنسبة للربحية القومية (National or Social Profits) عن طريق استخدام معدل الخصم الاجتماعي (SRD).

وبطبيعة الحال، فان المفاهيم المختلفة للربحية تنعكس على البنود المختلفة للمنافع والتكاليف وفي تقييم كل منها، إذا ان نوعي المنافع والتكاليف الخاصة والاجتماعية لا يتطابقان. حيث ان بعض المدفوعات التي تظهر ضمن بنود التكاليف عند اجراء التحليل المالي لا تمثل عبئاً مباشراً على موارد الاقتصاد الوطني وإنما تعبر عن عملية انتقال للسيطرة على الموارد وتحويلها من وحده أو قطاع في المجتمع إلى وحدة أو قطاع آخر في المجتمع نفسه. وعليه فان المنافع والتكاليف الاجتماعية قد تزيد أو تنقص عن المنافع والتكاليف الخاصة (المالية). ومن هنا فان الخطوة الاولى لتقييم الربحية القومية هي حصر عناصر تكاليف ومنافع المشروع من وجهة نظر المجتمع لمعرفة آثار تنفيذ المشروع على الاقتصاد الوطني ككل. وكما هو معروف فان تكاليف ومنافع المشروعات الاستثمارية من

وجهة نظر المجتمع لا تقتصر على المدفوعات النقدية المتمثلة في قيمة الموارد المستخدمة في انشاء وتشغيل المشروع، ولا على المتحصلات النقدية المتمثلة في قيمة كل ما ينتجه المشروع، بل تمتد لتشمل التكاليف والمنافع الاخرى غير المباشرة والتي تعرف بالآثار الخارجية للمشروع، ولهذا يتعين اجراء تعديلات على البيانات الخاصة بتقييم الربحية التجارية وكما يأتي:

1. استبعاد التحويلات المباشرة من بيانات الربحية التجارية والتي لا تعبر عن استخدام حقيقي للموارد الاقتصادية مثل الضرائب والقروض (من داخل البلد) وفوائد القروض.
2. اضافة الآثار غير المباشر الناتجة عن تنفيذ المشروع، سواء الايجابية منها أو السلبية، وذلك لتشجيع المشروعات ذات الاثار الايجابية والحد من المشروعات ذات الاثار السلبية.

ولهذا فان الاختلاف بين تحليل الربحية التجارية والربحية القومية كبير، حيث ان الثاني يتضمن عمليات أكثر تعقيداً من الاول وذلك عندما لا تكون الاساليب الفنية المستخدمة في التحليل الاول كافية بالنسبة للثاني. وعليه فأن الربحية التجارية لا يمكن ان تكون اساساً متيناً يمكن الاستناد عليه في اتخاذ القرارات الاستثمارية، وخصوصاً بالنسبة للمشروعات المهمة والقومية، بل ينبغي استخدام اسلوب تحليل الربحية القومية، لأنه مرتبط بالموضوعات الاقتصادية أكثر من ارتباطه بهدف تعظيم العائد المالي في أقصر فترة ممكنة، كما هو الحال مع معايير الربحية التجارية.

واضافة إلى ما سبق فان الاستراتيجية العامة للدولة في مجال التنمية، عادة تستلزم تحقيق عدة أهداف ولهذا يصبح من الضروري العمل على تقدير صلاحية المشروع في ضوء هذه الاهداف ولهذه الاسباب فان دراسة الجدوى الاقتصادية القومية تعتبر على درجة من الاهمية اذ انها تمثل صلاحية المشروع من وجهة

نظر المجتمع ككل. وتتأتى أهمية مثل هذه الدراسات من حقيقة حرص السلطات الحكومية على ان لا يكون هناك تعارض بين المصالح الخاصة لاصحاب المشروعات وبين مصلحة المجتمع ككل.

وعليه فان دراسات الجدوى الاقتصادية القومية، والتي تعتمد الطريقة الجزئية، تلجأ إلى استخدام عدد من المؤشرات المختلفة للحكم عن جدوى المشروع الاستثماري المقترح من الناحية القومية. وكما مبين أدناه .

2.5 طريقة التقييم الجزئية [1]

هناك العديد من معايير الربحية الاقتصادية (القومية) الجزئية التي يمكن استخدامها للحكم على جدوى المشروع على المستوى القومي والتي تعكس مساهمة المشروع المقترح في جانب معين من جوانب الاقتصاد الوطني، ومن هذه المعايير:

أولاً: مساهمة المشروع في توليد القيمة المضافة.

ثانياً: مساهمة المشروع في توفير فرص العمل.

ثالثاً: مساهمة المشروع في اعادة توزيع الدخل القومي.

رابعاً: مساهمة المشروع في الميزان التجاري وميزان المدفوعات والصرف الاجنبي.

خامساً: مساهمة المشروع في تحديد النمط التكنولوجي (المكثف لراس المال والمكثف للعمل).

سادساً: مجموعة معايير اخرى تشتمل على معيار الكفاءة التنافسية الدولية، ومعيار المساهمة في المعرفة الفنية ومعيار تعزيز الروابط الصناعية واخيراً معيار التأثير على البيئة.

أما الجوانب التي يتعذر تقديرها كمياً فيمكن إجراء تحليل وصفي لها.

أولاً: مساهمة المشروع في تحقيق القيمة المضافة:

يرمي هذا المعيار لمعرفة مدى مساهمة المشروع المقترح في توليد القيمة المضافة، أي مقدار الاضافة التي يولدها المشروع من عملياته الانتاجية إلى الناتج المحلي. ويستهدف هذا المعيار قياس حجم القيمة المضافة (الدخل) التي يولدها المشروع وكذلك حصتها في اجمالي القيمة المضافة للقطاع الصناعي ككل. فكلما كانت القيمة المضافة كبيرة وكلما كانت حصتها في اجمالي القيمة المضافة الصناعية كبيرة كلما دل ذلك على أهمية المشروع في توليد الدخل القومي.

ويمكن احتساب القيمة المضافة بطريقتين:

أولهما: جمع عوائد عناصر الانتاج الاربعة (الاجور والارباح والفوائد والايجار).

وثانيهما: استبعاد مستلزمات الانتاج من قيمة الانتاج الاجمالية.

ويمكن توضيح الطريقتين لحساب القيمة المضافة من بيانات الجدول رقم (5-1) أدناه:

جدول رقم (5 – 1) القيمة المضافة (بالاف الدنانير)

السنة (1)	قيمة الانتاج الكلية (2)	قيمة مستلزمات الانتاج (3)	الاجور (4)	الفوائد (5)	الايجارات (6)	الارباح (7)	القيمة المضافة الف دينار (8)
1	250	150	40	10.0	35.0	15.0	100
2	350	175	70	17.5	61.3	26.3	175
3	500	250	100	25.0	87.5	37.5	250
4	550	275	110	27.5	96.3	41.3	275
5	650	325	130	32.5	113.8	48.0	325

وتبين ارقام الجدول رقم (5-1) أعلاه تقديرات القيمة المضافة في العمود رقم (8) استناداً الى الطريقتين. فالطريقة الاولى ناتجة عن جمع ارقام الاعمدة من (4) الى (7)، أما الطريقة الثانية فهي ناتجة عن طرح العمود رقم (3) من العمود رقم (2). ومن خلال العلاقة بين ارقام القيمة المضافة وارقام قيمة الانتاج الاجمالية نحصل على نسبة القيمة المضافة إلى قيمة الانتاج الاجمالية، وهذه تمثل ما يعرف بـ درجة التصنيع. فكلما ارتفعت درجة التصنيع كلما دل ذلك على تطور العملية التصنيعية وازدياد عمليات التصنيع المحلية وارتفاع مساهمة المشروع الاستثماري في توليد الدخل.

ثانياً: مساهمة المشروع في توفير فرص العمل

لا شك ان تشغيل الايدي العاملة المحلية يمثل هدفاً مهماً من اهداف التنمية وخصوصاً في البلدان النامية، وعليه فلا بد من معرفة مساهمة المشروع في هذا المضمار. ويتعين احتساب عدد العاملين الذين يقوم المشروع بتشغيلهم، وكذلك نسبة العمالة المحلية إلى اجمالي العمالة التي يوفرها المشروع. ويمكن أيضاً احتساب مساهمة المشروع في توليد الاجور المدفوعة للعاملين المحليين إلى اجمالي الاجور المدفوعة للعاملين جميعاً لدى المشروع. ومعلوم انه كلما ارتفع عدد العاملين المحليين الذين يوظفهم المشروع، وارتفعت نسبتهم في اجمالي العمالة لدى المشروع، وارتفعت نسبة الاجور المدفوعة للعاملين المحليين في اجمالي الاجور المدفوعة من قبل المشروع كلما كان ذلك دليلاً على ارتفاع العائد الاقتصادي (الاجتماعي) للمشروع.

ويتم احتساب نسبة مساهمة المشروع في توفير فرص العمل بالمعادلة الاتية:

مساهمة المشروع في فرص العمل = مجموع العمالة المحلية التي يولدها المشروع × 100

اجمالي القوة العاملة

ومن المفيد أيضاً معرفة امكانية المشروع على توفير فرص العمل بأقل مقدار ممكن من راس المال. ويتم ذلك من خلال قسمة العدد الاجمالي للعمال الذين يشغلهم المشروع على حجم الاستثمارات الكلية في المشروع وكما يأتي:

أثر الاستثمارات في توليد العمالة = العدد الكلي للعمالة الجديدة في المشروع

حجم الاستثمارات لدى المشروع

ويمكن استخدام المعادلة أعلاه ايضاً في قياس أثر الاستثمارات في توليد العمالة الماهرة أو العمالة غير الماهرة. وقد يكون من المناسب أيضاً تقدير أثر الاستثمارات في توليد العمالة المباشرة وغير المباشرة. فبينما ترتبط العمالة المباشرة بفرص العمل الجديدة التي تتولد لدى المشروع ذاته، فان العمالة غير المباشرة تعني فرص العمل الجديدة التي تنشأ في مشروعات أخرى من جراء قيام المشروع محل التقييم. ويمكن تطبيق هذا المفهوم في تقدير راس المال الكلي اللازم لخلق فرص عمل جديدة، أو بعبارة أخرى الاستثمارات الكلية للمشروع التي تتضمن الاستثمارات المباشرة والاستثمارات الاضافية المطلوبة في المشروعات المرتبطة بالمشروع المعني بروابط خلفية وامامية. ويراعى هنا التركيز على العمالة المحلية وليس اجمالي العمالة (الذي يتضمن العمالة الاجنبية).

ثالثاً: الآثر على توزيع الدخل القومي

ويعني ذلك تأثير المشروع على عملية توزيع القيمة المضافة التي يولدها المشروع، سواء بين الاجور والارباح، ويسمى هذا بالتوزيع الوظيفي، أو بين مناطق البلد المختلفة، ويسمى هذا بالتوزيع الاقليمي، أو بين الاستهلاك والادخار (أو الاستثمار). ورغم ان اهداف التوزيع يمكن تحقيقها اساساً من خلال سياسات الحكومة المالية والسعرية لكن المشروعات الاستثمارية هي الاخرى لها آثار مهمة على توزيع المنافع الناجمة عن هذه المشروعات على المجموعات الاجتماعية المختلفة أو بين الاقاليم المختلفة أو بين الاستهلاك والاستثمار. وعليه يتعين معرفة أثر المشروعات الاستثمارية على عملية توزيع الدخل.

ويتم معرفة آثر المشروع على عملية التوزيع باحتساب نسبة توزيع القيمة المضافة على الأجور ونسبة التوزيع للارباح ونسبة التوزيع للحكومة وذ1لك بقسمة كل من الاجور والارباح وعوائد الحكومة على القيمة المضافة، ويضرب حاصل القسمة في مئة وكما يأتي:-

$$\text{نسبة التوزيع الخاصة بالاجور} = \frac{\text{الاجور}}{\text{اجمالي القيمة المضافة}} \times 100$$

وهكذا بالنسبة للارباح وعوائد الحكومة. وكلما ارتفعت النسبة أعلاه كلما دل ذلك على ارتفاع حصة العاملين أو حصة الارباح أو حصة الحكومة من الدخل المتولد عن المشروع.

وتجدر الاشارة إلى ان ارتفاع حصة الاجور في القيمة المضافة لدى المشروع تجعل منافع المشروع موزعة على نطاق أوسع في المجتمع، وهو ما يسهم في رفع مستويات المعيشة لقطاع كبير من السكان. الا ان ذلك قد يترك أثرين سلبيين هما:-

1. زيادة الطلب على المواد الغذائية والسلع الاساسية الاخرى، والتي تعرف بـ سلع الاجور (Wage Goods) وترفع بذلك نسبة الاستهلاك على حساب الادخار ثم الاستثمار.
2. تقليل تراكم راس المال الذي يكون مصدره عادةً فوائض عمليات الانتاج.

ومعلوم ان نمو المشروع وتطويره يتطلبان رفع معدلات تراكم راس المال من خلال زيادة الفوائض المذكورة والاحتفاظ باحتياطي مناسب. وفي المقابل عندما يكون الهدف من المشروع توسيع نطاق توزيع الدخل ورفع مستويات الاستهلاك فانه سيكون من المفيد رفع الاجور والرواتب والحوافز، أي تعويضات المشتغلين.

ويمكن المفاضلة بين المشروعات الاستثمارية المختلفة من خلال مساهمة المشروع في تعويضات المشتغلين وفي فوائض العمليات وتراكم راس المال. ويتم تفضيل هذا المشروع على غيره من خلال الانحياز للمشروع الذي يحقق المساهمة الأكبر في توزيع الدخل لصالح تعويضات المشتغلين أو لصالح الفوائض حسب الأهداف التنموية للدولة.

ولا يفوتنا ان نشير إلى تأثير المشروع على توزيع الدخل فيما يخص حصص الحكومة من الضرائب والرسوم والارباح والايجارات والتأمينات، والتي تؤثر ايجابياً في دعم الموازنة العامة للدولة، وبما يبعد الاقتصاد الوطني عن الحاجة إلى التمويل بالعجز (Deficit Financing) ومشكلات التضخم التي تسببها هذه السياسة.

ومن الأهمية بمكان أيضاً، الاهتمام بتحويلات دخول عناصر الانتاج الاجنبية إلى الخارج، وخاصة بالنسبة للبلدان التي تعاني من نقص واضح في أرصدتها القومية من العملات الاجنبية، ومن عجز مزمن في موازين مدفوعاتها. ولهذا فكلما ازدادت حصص المستثمرين والمولين الاجانب وتعاظمت مساهمة العاملين غير المقيمين كلما ارتفعت معدلات التسرب من دورة الدخول المتولدة عن المشروع المقترح، الامر الذي ينعكس سلباً على مجمل الدخل القومي(2).

رابعاً: مساهمة المشروع في ميزان المدفوعات وفي توفير الصرف الاجنبي

من المعلوم ان قيام أي مشروع استثماري يتطلب الكثير من المستلزمات، والتي تشمل المكائن والمعدات والعمال بمختلف المهارات والاداريين والمواد الخام والسلع شبه التامة والسلع تامة الصنع، والتي تدخل في عمليات الانتاج، إضافة إلى تسهيلات مالية لتغطية التكاليف المختلفة منذ بداية التأسيس وحتى نهاية عمر المشروع. كما يحتاج المشروع أيضاً إلى منافذ لتصريف المنتجات. وكلما ارتفعت مساهمة المدخلات الاجنبية، التكنولوجية والبشرية والمالية كلما ترتفع نسبة التسرب الخارجي للعوائد المتوقعة من المشروع. وبالمقابل كلما ازداد دور المنافذ التسويقية الخارجية للمنتجات النهائية المحلية كلما تزداد التدفقات النقدية الداخلة للمشروع المقترح ومن ثم للاقتصاد الوطني ككل. ولهذا لا بد من اجراء تقديرات دقيقة لحجم تحويلات الاجانب من دخول عناصر الانتاج ومقارنتها بما يمكن للمشروع ان يكسبه من تدفقات تكنولوجية وانتاجية وادارية وتسويقية ومالية، أي لا بد من تحليل مقارن وشامل لكافة التدفقات الاقتصادية وغير الاقتصادية الداخلة والخارجة(3).

وعليه فان من الجوانب الاساسية للتقييم الاقتصادي الشامل للمشروع الاستثماري حساب الآثار المترتبة من قيام المشروع بالنسبة للموقف من الصرف الاجنبي على الاقتصاد الوطني. ويتضمن هذا التقييم مرحلتين:

1. حساب أثر المشروع على ميزان المدفوعات.
2. حساب أثر استبدال الواردات (import substitution) الناتج عن المشروع.

ويمكن اجراء عملية تقدير صافي الاثر على الصرف الاجنبي من خلال:

أ- تحديد صافي التدفقات من الصرف الاجنبي الخاصة بالمشروع. ويتطلب ذلك تحليل لاجمالي التدفقات الداخلة والخارجة للمشروع من الصرف الاجنبي لكل سنة من سنوات الانشاء والتشغيل طيلة عمر المشروع.

ولهذا الغرض يُعد بيان تجميعي يقيم كافة التدفقات الداخلة والخارجة من الصرف الاجنبي. ويقدم الجدول رقم (5-2) مثالاً يتضمن العناصر الاساسية في حساب التدفقات. ويمكن ملاحظة ان التدفقات منها مباشرة ومنها غير مباشرة، أي تتعلق بالمشروعات المرتبطة بالمشروع المعني.. وعند الرغبة في المقارنة بين مشروعين أو أكثر على أساس صافي التدفقات من الصرف الاجنبي فانه يتعين ضرب كل القيم للتدفقات الداخلة والتدفقات الخارجة بمعاملات الخصم المقابلة (discount factors) للحصول على القيم الحالية لها والوصول إلى مقدار واحد يؤخذ كمعيار للمقارنة، وكما تعكسه المعادلة الاتية:

$$P(FE) = \sum_{t=0}^{n} (FI - FO)_t . A_t$$

أو الصيغة البديلة:

حيث أن:

$$P(FE) = \sum_{t=0}^{n} \frac{FI_t}{(1+r)^t} - \sum_{t=0}^{n} \frac{FO_t}{(1+r)^t}$$

حيث أن :

P (FE) = القيمة الحالية لاجمالي صافي التدفقات من الصرف الاجنبي على امتداد عمر المشروع.

(FO_t, FI_t) = التدفقات الداخلة والتدفقات الخارجة من الصرف الاجنبي على التوالي خلال العام (t).

A_t = معامل الخصم خلال العام (t).

r = سعر الخصم

ب- يتم حساب الوفورات المتوقعة من الصرف الاجنبي نتيجة للحد من استيراد منتجات يتولى المشروع انتاجها. ويتم حساب هذا الاثر عند القيمة سيف (cif) للكميات السابق استيرادها من المنتجات التي سيقوم المشروع بانتاجها.

ويتم حساب صافي الأثر للمشروع على الصرف الاجنبي من خلال نتائج الحساب في النقطتين أعلاه، أي صافي التدفق من الصرف المحسوب في النقطة الاولى مع أثر استبدال الواردات. ويمكن حساب هذا الاثر بالنسبة لكامل عمر المشروع أو لسنة واحدة.

جدول (2-5)

(بآلاف الدنانير)

20	19	18	17	16	15	14	13	12	11	10	9	8	7	6	5	4	3	2	1	0
6.0	6.0	6.0	6.0	6.0	6.0	6.0	6.0	6.0	6.0	6.0	6.0	6.0	6.0	5.0	4.0	4.0	2.0	1.0	17.0	15.0
-	-	-	-	-	-	-	-	-	-	-	-	-	-	-	-	-	-	-	1.0	-
-	-	-	-	-	-	-	-	-	-	-	-	-	-	-	-	-	-	-	18.0	-
6.0	6.0	6.0	6.0	6.0	6.0	6.0	6.0	6.0	6.0	6.0	6.0	6.0	6.0	5.0	4.0	4.0	2.0	1.0	-	-
5.6	4.4	4.4	4.4	4.4	4.4	4.4	4.4	4.4	4.4	7.2	7.2	7.2	7.4	7.4	7.6	7.6	7.6	4.0	-	-
-	-	-	-	-	-	-	-	-	-	-	-	-	-	-	-	-	-	-	-	-
2.4	2.4	2.4	2.4	2.4	2.4	2.4	2.4	2.4	2.4	2.4	2.4	2.4	2.4	2.4	2.4	2.4	2.4	1.6	-	-
-	-	-	-	-	-	-	-	-	-	2.0	2.0	2.0	2.0	2.0	2.0	2.0	2.0	-	-	-
-	-	-	-	-	-	-	-	-	-	0.2	0.2	0.2	0.4	0.4	0.6	0.6	0.6	0.6	-	-
3.2	2.0	2.0	2.0	2.0	2.0	2.0	2.0	2.0	2.0	1.6	1.6	1.6	1.6	1.6	1.6	1.6	1.6	2.4	-	-
-	-	-	-	-	-	-	-	-	-	1.0	1.0	1.0	1.0	1.0	1.0	1.0	1.0	-	-	-
0.4	1.6	1.6	1.6	1.6	1.6	1.6	1.6	1.6	1.6	(1.2)	(1.2)	1.2	1.4	(2.4)	(3.6)	(3.6)	(5.6)	(3.6)	17.0	15.0
12.0	12.0	12.0	12.0	12.0	12.0	12.0	12.0	12.0	12.0	12.0	12.0	12.0	12.0	13.0	14.0	14.0	16.0	12.0	-	15.0
12.4	13.6	13.6	13.6	13.6	13.6	13.6	13.6	13.6	13.6	10.8	10.8	10.8	10.6	10.6	10.4	10.4	10.4	8.4	17.0	15.0
.18	19.	21.	23.	25.	27.	30.	33.	36.	39.	42.	46.	50.	55.	60.	65.	71.	77.	84.	92.	1.0
0.1	0.3	0.3	0.4	0.4	0.4	0.5	0.5	0.6	0.6	(0.5)	(0.6)	(0.6)	(8)	(1.4)	(2.3)	(6ز2)	(4.3)	(3.0)	15.0	15.0
2.2	2.6	2.9	3.1	3.4	3.7	4.1	4.5	4.8	5.3	4.5	5.0	5.4	5.8	6.4	6.8	7.4	8	7.1	15.0	15.0

(1) يتم حساب صافي تأثير الصرف الاجنبي معبراً عنه بالدولارات على أساس السعر الرسمي للصرف الاجنبي، الدولار = 5 دينار.
وهذا هو السعر الذي استخدم وليس السعر المعدل - في كافة التعاقدات الحقيقية التي أبرمت بالصرف الاجنبي. وبالتالي تم قسمة كافة البنود المأخوذة من الجداول والمحسوبة بالدينار للحصول على ما يقابلها بالدولارات.

ويبين الجدول رقم (5-2) أعلاه نتائج مثل هذا التحليل على مشروع افتراضي. ويتضح من ارقام الجدول المذكور بأن القيمة الاسمية لصافي التدفقات من الصرف الاجنبي تكون سالبة اعتباراً من العام الثاني وحتى العام العاشر (البند 3 من الجدول). ويعود ذلك إلى استيراد مدخلات جارية من المواد وكذلك سداد اقساط القرض الاجنبي وتحويل مدفوعات إلى الخارج كأجور وارباح. غير ان نتيجة لمساهمة راس المال الاجنبي والمعدات، والمتحصل عليها بالائتمان خلال فترة الانشاء، بالاضافة إلى القيمة الموجبة لصافي التدفقات السنوية من الصرف الاجنبي اعتباراً من العام الحادي عشر فان صافي التدفقات من الصرف الاجنبي بعد الخصم يساوي 18600 دولار (البند 7 من الجدول). وبعد أخذ الوفورات الناجمة عن استبدال الواردات بنظر الاعتبار يتغير الموقف حيث يصبح صافي الاثر على الصرف الاجنبي موجباً على امتداد سنوات عمر المشروع (البند 5 من الجدول). وبعد خصم صافي الاثار السنوية للصرف الاجنبي نجد ان القيمة الحالية لصافي اثار الصرف الاجنبي قد ارتفعت الى 123.7 ألف دولار امريكي (البند 8 من الجدول).

خامساً: معايير أخرى

لا شك ان هناك بعض الاثار المترتبة على قيام المشروع والتي يصعب تقييمها بشكل كمي، لذا يتم اللجوء إلى تقييمها بشكل وصفي ومنها:

أ- الاثار على البيئة.

ب- التأثير على المعرفة الفنية (Technical Knowledge).

ج- الترابطات الصناعية (Industrial Linkages).

د- الكفاءة التنافسية والسيطرة النوعية.

أ- الاثار على البيئة:

قد يكون للمشروع تأثيرات على البيئة، سواء من حيث الظروف الطبيعية أو الظروف الاجتماعية والثقافية. فبالنسبة للظروف الطبيعية فانه يمكن الاشارة إليها بالاسلوب الوصفي أو محاولة حسابها من خلال التكاليف اللازمة لوقاية البيئة المحيطة من التدهور والتلوث. أما في الحالة الثانية فانه يكافي الاشارة اليها وتحديد معالمها.

وعند دراسة المشروع لا بد من أخذ احتمالات التأثير السلبي لذلك المشروع على البيئة، وذلك لأن تلوث البيئة أصبح من المسائل التي تحظى بالاهتمام الدولي. فبالنسبة للصناعات الكيمائية والبتروكيمائية أو الصناعات النووية ذات الاشعاعات فانها تترك أثاراً سلبية على البيئة مما يستوجب العمل على تخفيف هذه الاثار السلبية على المجتمع ككل وعلى صحة العاملين في هذه الصناعات. ولهذا الغرض يتعين توفر تجهيزات خاصة لمعالجة الابخرة والعادم والغازات السامة وحتى تأثير الضوضاء.

ويمكن ان تقوم السلطات الاقتصادية المعنية بالزام المشروعات الملوثة بعدم رمي مخلفاتها في الانهر وما شابه.

ومن ناحية التأثيرات الاجتماعية فيمكن محاولة معرفة هذه التأثيرات على العادات والتقاليد والقيم الاجتماعية.

ب- الروابط الصناعية:

عند تقييم المشروعات الصناعية يتعين الوقوف على حجم الروابط الامامية والخلفية فيما بين المشروع المقترح والمشروعات والصناعات الاخرى القائمة. فكلما كانت هذه الروابط وثيقة ومهمة كلما كان ذلك مدعاةً للتأثيرات الايجابية (أو

السلبية) على الصناعات الاخرى. ومعلوم ان تعزيز الروابط الصناعية من شأنه ان يعمل على:

(1) زيادة اعتماد المشروع على الموارد الانتاجية المحلية من مستلزمات التشغيل وقطع الغيار والعمالة.

(2) تعزيز دور المشروع في توسيع الطلب على منتجات الصناعات الاخرى.

(3) دعم المشروع المقترح لبرامج الصناعات والمنشآت المرتبطة معه في تعزيز الاكتفاء الذاتي المحلي. ويمكن احتساب معاملات الارتباط الامامية والخلفية للوقوف على مدى قوة الروابط بين المشروع المعني وباقي المشروعات أو الصناعات الاخرى.

ج- التأثير على المعرفة الفنية :

من المعلوم ان اقامة المشروعات الضخمة والمجهزة بمعدات متطورة يساهم في تنمية القدرات والكفاءات والمهارات لدى العاملين. ومن الصعوبة بمكان قياس حجم مساهمة المشروع في النهوض بالصناعة ورفع مستوى المهارات وتعزيز القدرات التكنولوجية، لذلك يكتفى بابراز هذه الآثار وصفياً لتبيان آثارها الايجابية على الاقتصاد الوطني. ولهذا يتم أخذ هذه النطقة بالاعتبار عند تقييم المشروع والمفاضلة بينه وبين المشروعات الاخرى.

د- الكفاءة التنافسية والسيطرة النوعية

من الاهمية بمكان معرفة قدرة المشروع على مواجهة المنافسة الدولية، وخصوصاً بالنسبة لمشروعات التصدير، سواء بالنسبة للجانب السعري أو بالنسبة لجانب الجودة والنوعية. ويمكن في هذه الحالة القيام بحساب قدرة المشروع على دخول المنافسة الدولية من خلال مقارنة تكلفة المدخلات من الموارد المحلية

اللازمة لانتاج السلع المصدرة مع حجم المنافع (أي المتحصلات من الصرف الاجنبي) التي يمكن الحصول عليها من الصادرات.

ومن مقارنة صافي التدفقات من الصرف الاجنبي مع قيمة الموارد المحلية المستخدمة في الانتاج، فاذا كان حاصل قسمة الأول على الثاني واحد صحيح أو اكثر فانه يمكن للقائمين على التقييم التأكد من ان تصدير المنتج سيكون مربحاً من الناحية الاقتصادية (الاجتماعية). وان معيار الحد الادنى للقدرة على المنافسة الدولية يتحدد بما يضمن (على أقل تقدير) استرداد التكاليف الاجتماعية المحلية الحقيقية أو بالتحديد ربما يجعل حاصل القسمة أعلاه يساوي (على الاقل) الواحد صحيح. غير انه في أحيان كثيرة، وكنتيجة للظروف القاسية السائدة في السوق العالمية وبالمقارنة بالانتاجية القومية، ولتشجيع التصدير، يحدث ان تقوم الجهة المختصة بوضع حد يقل عن الواحد صحيح.

جدول ملحق رقم (5 – 1)
التدفقات من الصرف الأجنبي الخاصة بالمشروع

(بالعملات الأجنبية)

البنود	السنوات				
	س0	س1	س2	-	سn
I التدفقات الداخلة من الصرف الأجنبي					
(أ) التدفقات المباشرة:					
1- رأس المال الأجنبي المملوك					
2- القروض المدفوعة بالنقد السائل					
3- مساعدات أجنبية أو منح					
4- سلع او معدات واردة على تسهيلات إئتمانية او مؤجلة السداد (*)					
5- صادرات من السلع أو الخدمات					
6- بنود أخرى					
(ب) التدفقات غير المباشرة (للمشروعات المرتبطة):					
7- راس المال					
8- قروض نقدية وعينية					
9- مساعدات أجنبية او منح					
10- صادرات من السلع أو الخدمات					
11- بنود أخرى					
II التدفقات الخارجة من الصرف الأجنبي					
(أ) التدفقات المباشرة:					
12- أعمال المسح، الاستشارة الفنية، النفقات الهندسية					

* غير واردة في القروض المدفوعة بالنقد السائل

تابع جدول ملحق رقم (5-1)

البنود	السنوات				
	س0	س1	س2	-	سn
13- الواردات من السلع الرأسمالية والمعدات والآلات .. الخ.					
14- الواردات من المواد الأولية وقطع الغيار والمنتجات نصف المصنعة					
15- السلع المستوردة المشتراة من السوق المحلية					
16- تكاليف البناء والتشييد					
17- النفقات المباشرة الخاصة بالواردات من المواد الأوليه والوسيطه والاحلال .. الخ (المدفوعة بالعملات الأجنبية)					
18- الأجور المدفوعة بالعملات الأجنبية					
19- اعادة سداد القرض الأجنبي					
20- الاتاوات، حقوق المعرفة الفنية وبراءات الاختراع					
21- المدفوعات المحولة للخارج من الأرباح ورأس المال					
22- بنود أخرى					
(ب) التدفقات الخارجة غير المباشرة:					
23- الواردات من السلع الرأسمالية والمعدات والآلات ... الخ.					
24- الواردات من المواد الأولية والوسطية والاحلال ... الخ.					
25- السلع المستوردة المشتراة من السوق المحلية					
26- بنود أخرى					
صافي التدفقات من الصرف الأجنبي (I-II)	$(_{FE})o$	$(F_E)_1$	$(F_E)_2$		$(F_E)_n$

هوامش الفصل الخامس

(1) للمزيد من التفاصيل راجع:

- المنظمة العربية للتنمية الصناعية، دليل التقييم والمفاضلة، مرجع سابق، ص ص 172 - 216.
- د. هوشيار معروف، مرجع سابق، ص ص 136 – 151.
- د. كاظم جاسم العيساوي، مرجع سابق.

(2) المنظمة العربية للتنمية الصناعية، دليل التقييم والمفاضلة، مرجع سابق، ص ص 188 – 201.

(3) د. هوشيار معروف، مرجع سابق ص ص 139 – 142.

الفصل السادس

معايير الربحية الاقتصادية القومية:
الطرق الشاملة

مقدمة
1.6 طريقة منظمة الامم المتحدة للتنمية الصناعية (UNIDO)
2.6 طريقة منظمة التعاون الاقتصادي والتنمية (OECD)
3.6 طريقة البنك الدولي (IBRD)
4.6 طريقة المنظمة العربية للتنمية الصناعية (AIDO)
1.4.6 القيمة المضافة القومية الصافية كمعيار للربحية القومية
2.4.6 مراحل تقييم المشروع باستخدام طريقة القيمة المضافة القومية الصافية.
3.4.6 تطبيق معيار القيمة المضافة في تقييم مشروعات التحديث والتوسيع.
4.4.6 طريقة تعديلات الاسعار
5.4.6 استخدام المعلمات القومية

الفصل السادس

معايير الربحية الاقتصادية (القومية): الطرق الشاملة

مقدمة:

ان طريقة معيار الربحية القومية تعمل على قياس أثر المشروع على الاقتصاد الوطني ككل، وبالتالي تقدير مساهمة المشروع في تحقيق الأهداف القومية، سواء بالاعتماد على المعايير الجزئية، كما في الفصل السابق، أو بالاعتماد على المعايير الكلية (الشاملة) كما هو الحال في هذا الفصل. ويتم الاعتماد على المعايير الكلية للتغلب على الطبيعة الجزئية للمعايير الجزئية المذكورة آنفاً. ومن مزايا الربحية القومية الأخرى انها تأخذ تكاليف ومنافع المشروع المباشرة وغير المباشرة والناتجة عن تنفيذ المشروع المقترح. ويتم في هذه الطريقة استبعاد الفقرات التي تمثل مدفوعات التحويلات المباشرة (Direct Transfer Payments) من بيانات الربحية التجارية، اذ انها لا تمثل استخداماً حقيقياً للموارد الاقتصادية. وتشمل هذه الفقرات الضرائب والقروض واقساط القروض اضافة إلى فوائد القروض.

وتستخدم طرق عديدة ومختلفة في تقييم الربحية الاقتصادية (القومية) الشاملة للمشروعات الاستثمارية وذلك من خلال استخدام مؤشر عام واحد. وتختلف هذه الطرق من حيث الأهداف أو من حيث الأدوات التحليلية. فقسم منها تستهدف تحقيق الكفاءة والعدالة في المشروعات المقترحة فيما يقتصر هدف البعض الآخر منها على تحقيق الكفاءة فحسب، وقسم منها يستخدم اسعار الظل (Shadow Prices) والقسم الآخر يستخدم اسعار السوق المعدلة.

ان الاعتماد على المعايير الكلية (المركبة) يستلزم اتباع الخطوات الآتية:

1. تحديد الأهداف الخاصة بالمشروعات.
2. تحديد الأوزان النسبية لكل هدف.
3. اشتقاق المعيار الملائم لتقييم المشروعات.

ومن أوائل النماذج التي استخدمت في تقييم المشروعات القومية هي ما عرف بنموذج تحليل التكلفة / المنفعة الاجتماعية (Social Cost / Benefit Analysis). فقد ظهر وتطور هذا المعيار في الولايات المتحدة الأمريكية وبدأ استخدامه في مجال الري والتحكم في الفيضانات والكهرباء. ويعتبر هذا المعيار من المعايير المركبة التي تستخدم في تقييم المشروعات العامة، حيث يتم الربط بين الأهداف القومية وبين تقييم واختيار المشروعات من وجهة النظر القومية. وانطلاقاً من هذا المنهج في التقييم ظهرت العديد من المناهج الاخرى التي اتخذت من أسلوب تحليل المنافع والتكاليف الاجتماعية اساساً لها في تقييم واختيار المشروعات مثل منهج منظمة الأمم المتحدة للتنمية الصناعية (اليونيدو) ومنهج منظمة التعاون الاقتصادي والتنمية ومنهج المنظمة العربية للتنمية الصناعية (الايدو).. الخ.

ويتبع منهج تحليل التكلفة / المنفعة في تقييم واختيار المشروعات الخطوات الآتية:

1. تحديد الأهداف القومية.
2. تحديد وحصر المنافع والتكاليف.
3. تقدير المنافع الصافية الاجتماعية المتوقعة.
4. ايجاد صافي القيمة الحالية للمنافع الصافية المتوقعة كمقياس للربحية.

ومن بين أهم الطرق والمناهج الدولية المتداولة ما يأتي:

6.1 طريقة الأمم المتحدة للتنمية الصناعية (UNIDO) .

6. 2 طريقة منظمة التعاون الاقتصادي والتنمية (OECD) .
6. 3 طريقة البنك الدولي (IBRD) .
6. 4 طريقة المنظمة العربية للتنمية الصناعية (AIDO) .

وسوف نستعرض بايجاز الطرق الثلاثة الأولى فيما نتعرض بشيء من التفصيل الطريقة الأخيرة، والتي تعرف اختصاراً (بالطريقة العربية)، وسوف يتم تطبيق هذه الطريقة في هذا الكتاب لما تتميز به من بساطة وتتلائم مع اوضاع البلدان النامية.

1.6 طريقة منظمة الامم المتحدة للتنمية الصناعية (UNIDO)[1]

تجدر الاشارة إلى أن هذه الطريقة، وكذلك بعض الطرق الدولية الاخرى، معقدة نوعاً ما وتحتاج إلى الكثير من المعلومات والبيانات الاحصائية والمؤشرات الاقتصادية التي لا تتوفر في العديد من البلدان النامية. كما تعتمد هذه الطريقة، كما هو الحال مع الطريقة الثانية، على افتراضات عديدة بشأن الاقتصاد الوطني والسياسات الاقتصادية المطبقة. فكلا الطريقتين المذكورتين تفترضان وجود طبيعة خاصة وظروف معينة للاقتصاد، ويستخدمان القيمة الحالية في تقييم المشروعات، ويوصيان باستخدام أسعار الظل للعديد من المتغيرات، وذلك رغم اختلاف وحدة القياس في كل من الطريقتين المذكورتين.

وتهدف هذه الطريقة إلى تقييم المشروعات على اساس مدى مساهمتها في تحقيق الاهداف القومية وفي مقدمتها زيادة الدخل القومي بالاضافة إلى اعادة توزيعه لصالح الطبقات منخفضة الدخل، أو لصالح الاقاليم المتخلفة اقتصادياً. وتستهدف هذه الطريقة تعظيم الاستهلاك الخاص في المستقبل، ولهذا فان معيار قبول المشروع لديها يعتمد على ما يضيفه المشروع من سلع وخدمات، والتي تمثل منافع المشروع الاستثماري. أما التكاليف فانها تمثل تكلفة الفرصة البديلة (أي

المنافع القصوى البديلة) التي يضحى بها من جراء استخدام الموارد الاقتصادية من قبل المشروع موضوع البحث. وتستخدم هذه الطريقة أسعار الظل التي تعكس قيمة السلع والخدمات من وجهة نظر المجتمع، وتتناول الاثار المباشرة وغير المباشرة للمشروع على الاقتصاد الوطني (الايجابية والسلبية).

والملامح الرئيسية التي تشكل الاطار النظري لهذه الطريقة هي:

1. تؤكد على الاعتماد على أسلوب تحليل التكلفة/ المنفعة من وجهة النظر القومية لمواجهة أوجه القصور والاختلالات التي تعاني منها البلدان النامية.
2. تمتد مهام المؤسسات الحكومية القائمة في البلدان المعنية لتشمل تقديم التوصيات بشأن تعديل السياسات الحكومية القائمة بالاتجاه الملائم.
3. تستند عملية تقييم المشروعات على الأهداف القومية، وتتركز هذه الأهداف بهدفين رئيسيين هما:

أ- تعظيم الاستهلاك الكلي في الحاضر والمستقبل وزيادة الرفاهية.

ب- الحد من التفاوت في توزيع الدخل بين أفراد المجتمع وبين المناطق والاقاليم المختلفة. فضلاً عن أهداف فرعية مثل العمالة والاكتفاء الذاتي وتعظيم حصيلة النقد الأجنبي.

4. ان الخطوات والمراحل المختلفة التي يتم من خلالها الوصول إلى الهدف النهائي من دراسة الجدوى يتمثل في الخطوات والمراحل المذكورة آنفاً بخصوص تحليل التكاليف والمنافع الاجتماعية.
5. ان تقدير المنافع والتكاليف القومية سوف تستند إلى الأسعار المحلية بعد تعديلها لتعكس درجة الوفرة والندرة النسبية للموارد.
6. تهدف الطريقة إلى تقديم الخطوات العريضة والاسترشادية لتقييم المشروعات الصناعية في البلدان النامية من وجهة النظر القومية، فهي لا تصلح للتطبيق

7. حرفياً على كافة الدول النامية. فالدليل الخاص بهذه الطريقة يتسم بالعمومية إلى حد كبير.
8. تعتمد هذه الطريقة على قوى السوق الحرة التنافسية في تقدير الأسعار الحسابية لبنود المنافع والتكاليف الاجتماعية ومن ثم فان سعر السوق الذي يحتمل ان يكون سائداً في ظل المنافسة الكاملة يعتبر سعراً ملائماً لتقدير المنافع والتكاليف الاجتماعية، حيث انه يعبر عن سعر الظل. كما تعتمد هذه الطريقة على النماذج الرياضية في تقدير الأسعار الخاصة بأهم المعلمات القومية مثل سعر ظل الصرف الأجنبي وسعر ظل للاستثمار وسعر ظل للأجور.

2.6 طريقة منظمة التعاون الاقتصادي والتنمية (OECD)[2]

تقوم هذه الطريقة بتقييم منافع وتكاليف المشروع من خلال مساهمة المشروع في توليد الاستثمار، أي أن وحدة القياس لديها هي الاستثمار، في حين أن وحدة القياس في طريقة الـ (UNIDO) هي الاستهلاك المتولد عن المشروع. والطريقة هذه والتي تعرف ايضاً بطريقة (Little & Mirrlees) هي بمثابة محاولة من قبل منظمة التعاون الاقتصادي والتنمية للجمع بين مبادئ نظرية الرفاهية الاقتصادية وحسابات تقييم المشروعات. ورغم تشابه هذه الطريقة مع الطريقة السابقة في بعض الجوانب فانهما يختلفان فيما بينهما. فإلى جانب الاختلاف في وحدة القياس لمنافع المشروع فان طريقة تقدير أسعار الظل تختلف فيما بين الطريقتين. كما تختلف ايضاً من حيث انها تفترض بان الحكومة تتبع السياسات التجارية والصناعية المثلى (Optimal) للاقتصاد في حين أن الطريقة السابقة لا تفترض ذلك.

والملامح الرئيسية لهذه الطريقة هي:

يرى أصحاب هذه الطريقة بان العديد من خصائص البلدان النامية تمثل اختلالات في البنيان الاقتصادي والاجتماعي وان مواجهة هذه الاختلالات يمكن ان تتحقق من خلال تقييم واختيار المشروعات الصناعية استناداً إلى تحليل الربحية القومية. لكن الأسواق التي تحدد تلك الأسعار تعاني من اختلالات عديدة نتيجة للتدخلات الحكومية في تلك الأسواق ولوجود قوى احتكارية فضلاً عن قصور تفاعل قوى العرض والطلب. كل هذه الأمور تجعل من الأسعار السائدة لا تعبر عن التفاعل الحر لقوى العرض والطلب وبالتالي فهي ليست مقبولة لتقدير بنود المنافع والتكاليف، الأمر الذي يستدعي تعديل تلك الأسعار.

1. ان تقييم المشروعات في نطاق الربحية القومية سوف يساهم ليس فقط في معالجة الاختلالات السعرية بل ايضاً في معالجة الاختلالات الاجتماعية الناتجة عن الخلل في توزيع الموارد الاقتصادية.
2. تؤكد هذه الطريقة على ضرورة التحديد الواضح لكافة البدائل الاستثمارية الممكنة ومقارنة نتائج كل بديل مع نتائج البديل الآخر. ونظراً لضعف معدلات الادخار وقصور قطاع التصدير عن توفير موارد كافية بالنقد الأجنبي فان حصيلة البلد من العملات الأجنبية يعد هدفاً رئيسياً عند تقييم واختيار المشروعات.
3. يتم تقييم كافة بنود المنافع والتكاليف استناداً إلى القيم الدولية، حتى وان كانت لا تدخل في التجارة الدولية. وتستند هذه الطريقة إلى معامل التحويل المعياري والذي يمثل النسبة بين السعر الرسمي للصرف الأجنبي والسعر المحاسبي.
4. تفترض هذه الطريقة بان الأسعار أو القيم الدولية هي الأسعار الملائمة والعادلة وتحقق الكفاءة في تخصيص الموارد. كما تفترض بان الهيكل السائد للتجارة الدولية هيكل مثالي وملائم. لكن الواقع العملي في البلدان النامية يخالف ذلك حيث ان الأسعار المستخدمة لتقييم المنافع الصافية في البلدان المذكورة ليست ملائمة من وجهة نظر تحقيق الكفاءة الاقتصادية.
5. تفترض هذه الطريقة بأن الاسعار أو القيم الدوليةهي الاسعار الملائمة والعادلة وتحقق الكفاءة في تخصيص الموارد . كما تفترض بأن الهيكل السائد للتجارة الدولية هيكل مثالي وملائم . لكن الواقع العملي في البلدان النامية يخالف ذلك

حست ان الأسعار المستخدمة لتقييم المنافع الصافية في البلدان المذكورة ليست ملائمة من وجهة نظر تحقيق الكفاءة الاقتصادية.

3.6 طريقة البنك الدولي

كما هو الحال في الطرق الشمولية الأخرى فان الهدف الأساسي لعملية تقييم المشروعات في هذه الطريقة هو تحديد مدى مساهمة المشروع في الدخل القومي، غير ان الاختلاف الأساسي هنا هو استخدام الناتج المحلي الاجمالي كمقياس للدخل القومي. ويقسم الناتج إلى قسمين رئيسين هما: الناتج المباشر لكل المشروع (والذي يقدر باستخدام اسعار الظل) وكذلك السلع الوسيطة لكل المشروع.

ويتم تقييم المشروع طبقاً لهذه الطريقة بتطبيق أحد المعيارين:

1. مؤشر نسبة المنافع / التكاليف، والذي يطبق على مشروعات القطاع العام وتستخدم المعادلة الاتية:

$$\text{نسبة المنافع / التكاليف} = \frac{\text{القيمة الحالية للمنافع}}{\text{القيمة الحالية للتكاليف}}$$

ويتم هنا تقدير القيمة الحالية للمنافع والتكاليف خلال العمر الاقتصادي للمشروع باستخدام معدل خصم اجتماعي يتناسب مع التفضيل الزمني للمجتمع.

2. مؤشر صافي القيمة الحالية، والذي يحتسب من خلال خصم النفقات السنوية من المنافع السنوية لنحصل على صافي التدفق السنوي، والذي يخصم بمعدل الخصم الاجتماعي المقدر.

هذا ويتم ترتيب المشروعات البديلة لغرض الاختيار حسب أكبر قيمة حالية موجبة، أو حسب كون نسبة المنافع إلى التكاليف أكبر من واحد صحيح

4.6 طريقة المنظمة العربية للتنمية الصناعية (AIDO)[3]

وتعرف هذه الطريقة أيضاً بالطريقة العربية لتقييم المشروعات، وهي طريقة مبسطة وتتناسب مع مستوى المعلومات والبيانات المتوفرة في البلدان
النامية وكذلك تتناسب مع مستوى المعرفة لدى الكادر الذي يقوم بعملية التقييم.

وتتميز الطريقة العربية في التقييم بجملة من الخصائص الرئيسية أهمها[4]:

1. انها تعتمد على معيار اساسي يتمثل في القيمة المضافة القومية الصافية (Net National Value Added)، الناتجة عن تنفيذ المشروع الاستثماري، اضافة إلى الأخذ بمجموعة من المؤشرات الاضافية (الجزئية) لقياس بعض الجوانب المترتبة على المشروع مثل أثر المشروع على العمالة وعلى توزيع الدخل وعلى النقد الأجنبي. أما الجوانب الأخرى التي يتعذر حسابها كمياً فيمكن اجراء تحليل وصفي لها، مثل المعرفة الفنية الناتجة عن تنفيذ المشروع، والقدرة التنافسية الدولية وكذلك العوامل البيئية .. الخ. وعليه فان هذه الطريقة ترفض مفهوم المعيار الواحد المركب، والذي يعطي أوزاناً نسبية تعكس بصورة مباشرة احكاماً سياسية للمؤشرات الجزئية لكي يتم دمجها في معيار واحد، بل تعتمد هذه الطريقة على عدة معايير من بينها معيار رئيسي واحد، مع عدد من المعايير التكميلية.
2. انها ترفض استخدام أسعار الظل في التقييم وذلك لاستحالة الوصول إليها سواء من حيث المفهوم أو التطبيق. ومن أجل التبسيط فان الطريقة تعتمد على الأسعار الفعلية السائدة في الأسواق مع ادخال بعض التعديلات عليها لتتلائم مع مفهوم الربحية القومية.

وتتفق الطريقة العربية، والتي يسميها البعض بـ (منهج اليونيدو العملي) مع منهج طريقة اليونيدو الأصلي الصادر في عام (1972) والذي يتمثل بما يأتي:

أ- ان أسعار السوق في البلدان النامية لا تعبر عن الأسعار الحقيقية من وجهة نظر المجتمع.

ب- ان الأجور المدفوعة للعمال غالباً ما تكون أكبر من الأجور الحقيقية. ولهذا فان السعي للوصول إلى حالة كفاءة استخدام الموارد يستلزم ضرورة تعديل الأجور الفعلية للعمالة، والعمالة غير الماهرة بشكل خاص.

ج- ان معدل الفائدة السائد في البلدان النامية غالباً ما يكون مدعوماً من قبل الحكومات لغرض تشجيع الاستثمار في مجالات معينة. كما توجد امتيازات جمركية معينة للسلع الرأسمالية المستوردة مما يجعل رأس المال رخيصاً نسبياً. ان مثل هذه التدخلات الحكومية تؤدي إلى تشويه هيكل الأسعار والتكاليف، الأمر الذي يجعل الأرباح أو الخسائر المالية بموجب الأسعار السوقية لا تعكس الأرباح والخسائر الاجتماعية مما يستلزم ازالة آثار هذه التشويهات.

د- ان الخلل في أسعار السوق لا يمكن التخلص منه عن طريق سياسة اقتصادية معينة، حيث ان القوى السياسية في المجتمع تكون لها مصلحة في بقاء الأحوال على ما هي عليه. وعليه فان اتخاذ قرارات استثمارية على أساس أسعار تعكس درجة الوفرة والندرة النسبية لعوامل الانتاج يمثل أحد الوسائل لتحسين الكفاءة الاقتصادية وتحسين توزيع الدخل.

وفي طريقة المنظمة العربية للتنمية الصناعية (منهج اليونيدو العملي) يتم استخدام معاملات لتحويل الأسعار لجعلها تعكس القيم الاقتصادية (الحقيقية)، سواء بالنسبة إلى أسعار السلع المختلفة أو بالنسبة إلى سعر الصرف للعملة الوطنية. وقد حددت هذه الطريقة مجموعة من القواعد التي يمكن الاسترشاد بها لتعديل الأسعار

وتقدير المنافع والتكاليف على وفق هذه الأسعار المعدلة. وسوف يتم التعرض لهذه القواعد بشكل تفصيلي لاحقاً، سواء بالنسبة لأسعار السلع أو بالنسبة إلى سعر صرف العملة.

3. توصي هذه الطريقة باستخدام القيمة الحالية لصافي القيمة المضافة القومية Net National Value Added (NNVA) أي صافي القيمة المضافة المتولدة عن عوائد عوامل الانتاج المملوكة للمواطنين في الدولة المعنية، وليس اجمالي القيمة المضافة المتولدة داخل البلد. ذلك لأن عوائد بعض عناصر الانتاج المملوكة من قبل الأجانب يتم تحويلها خارج البلد وبالتالي تتقلص عوائد عوامل الانتاج الوطنية.

4. ومن السمات المهمة لتحليل الربحية القومية في هذه الطريقة هي انها تستخدم بعض المعلمات القومية (National Parameters) مثل معدل الخصم الاجتماعي (Social Rate of Discount) وكذلك السعر المعدل للصرف الأجنبي (Adjusted Foreign Exchange Rate) .

5. وأخيراً فأن هذه الطريقة لا تقتصر على تقييم المشروعات الجديدة فحسب وانما تمتد لتشمل مشروعات التحديث والتوسيع وكذلك المجمعات الصناعية (Industrial Complexes) .

1.4.6 القيمة المضافة القومية الصافية كمعيار للربحية القومية:

يجري هنا قياس حجم القيمة المضافة التي يولدها المشروع، ويتم حساب القيمة المضافة الصافية من خلال طرح مستلزمات تشغيل المشروع من قيمة انتاج المشروع. وتشمل مستلزمات التشغيل المدخلات المادية الجارية والخدمات وكذلك الاستثمارات الكلية وكما في المعادلة الاتية:

صافي القيمة المضافة = المخرجات - (المدخلات + الاستثمارات الكلية)

وبالرموز:

$$NVA = O - (MI + I) \quad \ldots\ldots\ldots\ldots\ldots\ldots\ldots (1)$$

حيث ان:

NVA = صافي القيمة المضافة المتوقعة من المشروع المقترح.

O = القيمة المتوقعة للمخرجات (وعادة ما تكون ايرادات المبيعات).

MI = القيمة المتوقعة للمدخلات.

I = الاستثمارات الكلية، وتمثل الاهتلاك في حالة كون الاحتساب لسنة واحدة.

وتشمل المدخلات المادية الخاصة بالمشروع كافة المواد الجارية والخدمات مثل المواد الخام والطاقة والوقود والنقل والصيانة المشتراة من خارج المشروع. ويتألف صافي القيمة المضافة بشكل أساسي من مكونين هما الاجور والمرتبات (Wages) وكذلك الفائض الاجتماعي (Social Surplus) وكما في المعادلة الاتية:

$$NVA = W + SS \quad \ldots\ldots\ldots\ldots\ldots\ldots\ldots (2)$$

ويمثل الفائض الاجتماعي قدرة المشروع على الكسب، ويتضمن عوائد جميع عناصر الانتاج عدا العمل وهي: الارباح الموزعة وغير الموزعة والضرائب غير المباشرة والفوائد وتكاليف التأمين والايجارات والاتاوات.

ويمكن حساب صافي القيمة المضافة أما لسنة واحدة أو لسنوات العمر الاقتصادي للمشروع. وفي الحالة الاولى تكون قيمة الاستثمارات (I) هي قسط الاهتلاك (Depreciation) لسنة واحدة، أما في الحالة الثانية فتكون من خلال جمع القيم للمتغيرات في المعادلة رقم (1) أعلاه لكل سنوات عمر المشروع، من السنة صفر (وهي سنة البدء بتأسيس المشروع) حتى السنة الاخيرة (n) كما في أدناه:

$$\sum_{t=0}^{n} NVA = \sum_{t=0}^{n} O_t - \sum_{t=0}^{n} (MI + I)_t \quad \ldots\ldots\ldots\ldots\ldots\ldots (3)$$

ان ما تقوم به المعادلة رقم (3) أعلاه هو احتساب القيمة المضافة الصافية لكل سنة من سنوات عمر المشروع وكما مبين في المعادلة رقم (3A) أدناه:

$$\sum_{t=0}^{n} NVA = NVA_0 + NVA_1 + ... + NVA_n \quad .... (3A)$$

ولغرض تقدير المساهمة الصافية للمشروع في الدخل القومي يتعين احتساب القيمة المضافة القومية للمشروع. ذلك لأن القيمة المضافة المتولدة عن المشروع تتوزع بين المواطنين وبين الاجانب الذين يملكون بعض عناصر الانتاج. فالاجانب يحصلون على جزء من القيمة المضافة المذكورة والمحولة إلى الخارج على شكل أجور وفوائد وصافي ارباح وايجارات وأتاوات وحقوق المعرفة وارباح الاسهم والتأمين ... الخ. ويحصل المواطنون على الباقي. وكلما ارتفع نصيب المواطنين من القيمة المضافة الصافية المتولدة عن المشروع كلما كان ذلك لصالح البلد المضيف للمشروع من وجهة النظر الاجتماعية. وعليه فان مردود أو (منافع) المشروع بموجب هذه الطريقة يتمثل في ما يعرف بالقيمة المضافة القومية الصافية (NNVA) والتي نحصل عليها باستبعاد كافة المدفوعات المحولة إلى الخارج والمبينة في المعادلة رقم (4) أدناه:

$$\sum_{t=0}^{n} NNVA = \sum_{t=0}^{n} O_t - \sum_{t=0}^{n} (MI + I + RP)_t \quad .... (4)$$

حيث ان:

RP = كافة المدفوعات المحولة الى الخارج والخاصة بالمشروع (Repatriated Payments) .

ولغرض ايجاد القيم الحالية (Present Values) للتدفقات النقدية الداخلة والخارجة خلال سنوات عمر المشروع فانه يتم استخدام معدل الخصم الاجتماعي

(SRD) بدلاً من سعر الفائدة السائد في سوق راس المال، والذي يمثل سعر الخصم المناسب، وذلك بضرب معامل الخصم المذكور بكل عنصر من عناصر المعادلة رقم (4) أعلاه ولكل سنة من سنوات عمر المشروع، من أجل ارجاع تلك القيم التي تحصل في سنوات مختلفة الى سنة الاساس، وكما في المعادلة رقم (5) أدناه:

$$\sum_{t=0}^{n}(NNVA)_t a_t = \sum_{t=0}^{n}\left[O_t - (MI + I + RP)_t\right] a_t \quad \ldots\ldots\ldots\ldots (5)$$

حيث أن:

a_t = معامل الخصم ويعبر عنه أيضاً بـ $\frac{1}{(1+r)^t}$

ولكي يكون المشروع مقبولاً يتعين ان تكون القيمة الحالية للقيمة المضافة موجبة وهذا يعني ان للمشروع المقترح تأثيراً ايجابياً على الدخل القومي.

وتنقسم القيمة المضافة الاجمالية المتولدة عن المشروع إلى جزئين:

الاول: القيمة المضافة المباشرة التي تتولد داخل المشروع.

والثاني: القيمة المضافة غير المباشرة والمتولدة في مشروعات أخرى مرتبطة بالمشروع محل البحث بروابط تكنولوجية. ومن حيث المبدأ ينبغي ان تركز عملية التقييم على القيمة المضافة بشقيها المباشر وغير المباشر.

2.4.6 مراحل تقييم المشروع باستخدام طريقة القيمة المضافة القومية الصافية

يتم تطبيق هذه الطريقة في تقييم المشروعات باتباع مرحلتين هما:

أولاً: مرحلة اختبار الكفاءة المطلقة، لاغراض فرز المشروعات المقبولة والمرفوضة.

ثانياً: مرحلة اختبار الكفاءة النسبية، لاغراض ترتيب المشروعات حسب الافضلية. وفي أدناه شرح لكل منهما:

أولاً: اختبار الكفاءة المطلقة:

ويختص هذا الاختبار بمدى قبول أو رفض المشروع من الناحية الاقتصادية. ويجري هنا أولاً احتساب القيمة المضافة لسنة واحدة عادية من عمر المشروع، وفي حالة ظهور قيمة مضافة موجبة فان هذا يعد مؤشراً ايجابياً لاستمرار دراسة المشروع. أن مثل هذه الخطوة تعطي فقط فكرة مبدئية عن المنافع التي يحققها المشروع للاقتصاد الوطني.

إلا أنه من المفيد أيضاً البحث عما اذا كانت القيمة المضافة التي تم تقديرها أعلاه تفوق قيمة الأجور وتعطي فائضاً خلال السنة المعنية، وبذلك فان المشروع في هذه الحالة يساهم في زيادة الدخل القومي للبلد المعني.

ويتم حساب ذلك بواسطة المعادلة الآتية:

$$Es = NVA = O - (MI + D) > W \quad .... \quad (6)$$

حيث أن:

Es = اختبار الكفاءة المطلقة للمشروع معبراً عنها بوحدات فائض القيمة المضافة عن الأجور، على أساس بيانات سنة عادية.

D = الاهتلاك السنوي لرأس المال الثابت .

أما بقية المتغيرات في المعادلة فهي كما وردت سابقاً.

وهنا يتم التحقق من ان صافي القيمة المضافة الاجمالية المتولده عن المشروع يزيد على قيمة الاجور والرواتب (W). وفي حالة الايجاب يتم قبول المشروع لانه يحقق قيمة مضافة تغطي الاجور والمرتبات وتحقق شيئاً من الفائض الاجتماعي. وبعكسه يرفض المشروع.

ان احتساب القيمة المضافة لسنة واحدة عادية يكون مناسباً بالنسبة للمشروعات الصغيرة أو المشروعات الكبيرة في المراحل الاولى من عمرها الاقتصادي.

وفي الحالات التي تكون فيها تدفقات العوائد من المشروع غير ثابتة عبر الزمن، أو عندما يكون عمر المشروع طويلاً نسبياً وان معظم عوائده تتركز في السنوات الاخيرة من عمره، فانه يتعين خصم العوائد والتكاليف، ضمن القيمة المضافة القومية الصافية، بواسطة سعر الخصم الاجتماعي لارجاعها إلى قيمتها الحالية، مع مراعاة الأمور الآتية:

1. استخدام سعر الخصم الاجتماعي وليس سعر الفائدة السوقي.
2. يتم حساب القيمة المضافة كفرق بين التكاليف الاجتماعية والمنافع الاجتماعية (الداخلية والخارجية).
3. يتم اعتماد القيمة المضافة القومية وليس الاجمالية.

فاذا كانت القيمة المضافة القومية الصافية (NNVA) موجبة فيعني ذلك أن المشروع يساهم مساهمة ايجابية في الدخل القومي للمجتمع. ولكي يكون المشروع مقبولاً في هذه الحالة يتعين ان يتحقق الشرط الآتي:

$$E = NNVA > \sum_{t=0}^{n} W_t a_t \ \ldots\ldots\ldots\ldots\ldots\ldots\ldots \ (5A)$$

حيث ان: E = معيار الكفاءة المطلقة للمشروع.

وهذا معناه أن القيمة الحالية المضافة القومية الصافية تزيد عن القيمة الحالية للاجور والمرتبات، أي أن المشروع يحقق فائضاً اجتماعياً بعد تغطية الاجور والمرتبات التي يدفعها المشروع.

ويلاحظ بأن المعيار هنا يولي أهمية كبيرة لفئة العمال والموظفين ويعتبرها الفئة الاولى بالرعاية لانها تمثل نسبة كبيرة من المجتمع. وبذلك فان مردود المشروع يتمثل في الربحية، وكذلك في الاجور والمرتبات التي تمثل دخل لفئة واسعة من الناس.

ولتوضيح طريقة احتساب القيمة المضافة القومية الصافية بشكل تفصيلي وعملي يمكن اتباع الخطوات الاتية:

الخطوة الأولى: يتم عمل جدول خاص باحتساب القيمة المضافة.

الخطوة الثانية: تتم مراجعة اسعار السوق في الجدول المذكور أعلاه وفي حالة وجود انحرافات كبيرة يتم تصحيحها على وفق قواعد تعديل الاسعار المتبعة هنا، ويتم ضرب المخرجات والمدخلات بالاسعار المعدلة.

الخطوة الثالثة: يتم جمع الاستثمارات (I_t) والمدخلات $_t$(MI) والمدفوعات المحولة الى الخارج (PR) من أجور وفوائد على القروض وصافي الارباح والاتاوات ... الخ.

الخطوة الرابعة: تبذل محاولة لقياس الاثار غير المباشرة للمشروع المعني على المشروعات الاخرى المرتبطة به، وتضاف المنافع والتكاليف غير المباشرة هذه إلى المنافع والتكاليف المباشرة.

الخطوة الخامسة: يتم تجميع القيم الاسمية المحسوبة في الخطوتين الثالثة والرابعة في مجموعتين هما المخرجات والمدخلات المادية بما فيها الاستثمارات، ثم تطرح القيم الاسمية للمدخلات من القيم الاسمية للمخرجات لكل سنة من سنوات عمر المشروع لنحصل على القيم الاسمية لصافي القيمة المضافة المحلية (NDVA) Net Domestic Value Added.

الخطوة السادسة: تطرح المدفوعات المحولة الى الخارج سنوياً $(RP)_t$ من القيمة المضافة المحلية لنحصل على القيمة المضافة القومية الصافية (NNVA).

الخطوة السابعة: يتم خصم القيم الاسمية للـ (NNVA) لكل سنة بمعدل الخصم الاجتماعي لارجاعها إلى سنة الاساس، وذلك بضرب المقادير الاسمية لصافي القيمة المضافة القومية في معامل الخصم المناظر لنحصل على القيم الحالية للمقادير الجارية. ويعطي المجموع الكلي للقيم الحالية السنوية المنفردة القيمة الحالية لصافي القيمة المضافة القومية.

ويتعين أن تكون القيمة الحالية للقيمة المضافة موجبة لكي يقبل المشروع وهكذا يجتاز المشروع الجزء الاول من اختبار الكفاءة المطلقة.

الا أن اجتياز المشروع هذا الاختبار رغم أهميته لا يعد شرطاً كافياً لقبول المشروع بل ينبغي انتقال المشروع إلى المرحلة الثانية من اختبار الكفاءة المطلقة وهي الخطوة الثامنة.

الخطوة الثامنة: تتم مقارنة القيمة الحالية المضافة مع القيمة الحالية للاجور، فاذا كانت الاولى تفوق الثانية فيعتبر المشروع كفوءاً من وجهة النظر القومية، لان ذلك يعني ان القيمة المضافة تغطي الاجور وتحقق فائضاً اجتماعياً. اما إذا تساوت فالمشروع يكون مقبولاً بالكاد، وكما في المعادلة الاتية:

$$E = \sum_{t=0}^{n} (VA)_t . A_t \geq \sum_{t=0}^{n} W_t . A_t \quad .... (6)$$

حيث ان:

E = اختبار الكفاءة المطلقة للمشروع على اساس القيم الحالية (بعد الخصم) للقيمة المضافة وللاجور.

$\sum_{t=0}^{n} W_t . A_t$ = القيمة الحالية للاجور المتوقعة خلال عمر المشروع

A_t = معامل الخصم عند السنة t .

وفي حالة كون القيمة المضافة أقل من الاجور فيتم رفض المشروع لانه لا يحقق فائضاً اجتماعياً (الجدول رقم (6 – 1)

وتجدر الاشارة إلى ان واقع الحال في معظم الاحيان يشير إلى وجود انحرافات في الأسعار، وخاصة اسعار الصرف الاجنبي، حيث أن السعر الرسمي يكون مغالى به (Over Valued) أي انه يغالي في قيمة العملة المحلية بالنسبة للعملة الاجنبية، ولهذا يتم هنا اجراء نفس الاختبار أعلاه باستخدام الاسعار المعدلة للمدخلات والمخرجات وللصرف الاجنبي، ويتم تعديل الاسعار على وفق التعليمات (في الجدول الملحق رقم (6-1) والخاص بقواعد التسعير.

جدول (6-1)

(بالآف الدينارات)

د	0	1	2	3	4	5	6	7	8	9	10	11	12	13	14	15	16	17	18	19
يمة المخرجات (جدول 9 سطر 1)	0	0	70	100	100	100	100	100	100	100	100	100	100	100	100	100	100	100	100	100
يمة المدخلات المادية (جدول 9 سطر 2)	100	100	30	51	51	51	51	51	51	51	51	51	51	51	51	51	51	51	51	51
ـافي القيمة المضافة المحلية (2-1)	(100)	(100)	40	49	49	49	49	49	49	49	49	49	49	49	49	49	49	49	49	49
لدفوعات المحولة للخارج (جدول 9 سطر 4)	-	-	15	16	16	16	15	15	14	14	14	10	10	10	10	10	10	10	10	10
ـافي القيمة المضافة القومية (4-3)	(100)	(100)	25	33	33	33	34	34	35	35	35	39	39	39	39	39	39	39	39	39
لاجور (جدول 9 سطر 5.1	-	-	7	9	9	9	10	10	11	11	11	12	12	12	12	12	12	12	12	12
لفائض الاجتماعي (جدول 9 سطر 5.2)			18	24	24	24	24	24	24	24	27	27	27	27	27	27	27	27	27	27
عاملات الخصم عند سعر الخصم 9%	1.00	92	84	77	71	65	60	55	50	46	42	39	36	33	30	27	25	23	21	19
ـافي القيمة المضافة القومية بعد الخصم (5×6)	(100)	(92.0)	21.0	25.4	23.4	21.4	20.4	18.7	17.5	16.1	14.7	15.2	14.0	12.9	11.7	10.5	9.8	9.0	8.2	7.4
قيم الأجور بعد الخصم (5.1×6)	-	-	5.9	6.9	6.4	5.8	6.0	5.5	5.5	5.1	4.6	4.7	4.3	4.0	3.0	3.2	3.0	2.8	2.5	2.3
قيمة الفائض الاجتماعي بعد الخصم (5.2×6)	(100)	(92.0)	15.1	18.5	17.0	15.7	14.4	13.2	12.0	11.0	10.1	10.5	9.7	8.9	8.1	7.3	6.8	6.2	5.7	5.1

ثانياً: اختبار الكفاءة النسبية

إذا تمكن عدد من المشروعات من اجتياز اختبار الكفاءة المطلقة فانه يتعين اللجوء إلى اختبار الكفاءة النسبية من أجل المفاضلة فيما بين المشروعات. ففي حالة وجود ندرة في عوامل الانتاج، مثل راس المال أو الصرف الاجنبي أو العمالة الماهرة فان عملية ترتيب المشروعات تتم عن طريق الربط بين القيم المضافة المتولدة عن المشروع وبين أكثر العوامل ندرةً في العملية الانتاجية.

ففي حالة ندرة راس المال فانه يتعين تشخيص المشروع الذي يحقق أقصى قيمة مضافة لكل وحدة من راس المال المستثمر، وذلك بقسمة القيمة الحالية للقيمة المضافة على القيمة الحالية لرأس المال المستثمر وكما يأتي:-

$$Ec = \frac{P(VA)}{P(I)} \quad \text{.......................} \quad (7)$$

حيث ان:

Ec – اختبار الكفاءة النسبية في حالة ندرة راس المال. وكلما ارتفعت هذه النسبة كلما كان المشروع أكثر نفعاً، ومعنى ذلك ان كل وحدة من راس المال المستثمر في المشروع تعطي مقداراً أكبر من القيمة المضافة بالمقارنة مع المشروعات الاخرى. وهكذا بالنسبة لحالة ندرة الصرف الاجنبي أو حالة ندرة العمالة الماهرة.

3.4.6 تطبيق معيار القيمة المضافة في تقييم مشروعات التحديث والتوسيع

من الاهمية بمكان معرفة ما إذا كان تحديث وتوسيع وحدة انتاجية قائمة يعتبر بديلاً أكثر نفعاً من الناحية الاقتصادية من إقامة مشروع جديد. ويمكن ان يتضمن التحديث تحسين أو استبدال آلة أو مجموعة الآت لا تزال قادرة على الاستمرار في التشغيل لكنها قد تقادمت من الناحية الاقتصادية.

وقد يساعد ذلك على ازالة بعض الاختناقات وزيادة الانتاج ورفع مستوى الجودة وتخفيض تكلفة الانتاج. ومن الناحية الاخرى قد يتضمن التحديث اعادة بناء مصنع قائم بالكامل، وقد يؤدي ذلك إلى زيادة كبيرة في الطاقة الانتاجية وخفض التكاليف الانتاجية. ومن الامور الاكثر أهمية ان يستخدم المشروع بعد تحديثه نفس العمالة.

وفيما يتعلق بالمشروعات التي يجري تحديثها على نطاق ضيق ومبسط للغاية فان استخدام اساليب مبسطة لتقييمها قد يكون كافياً، وفي هذا الصدد يمكن استخدام معدل العائد البسيط أو فترة الاسترداد أو الصيغة البسيطة للقيمة المضافة. أما مشروعات التحديث الكبيرة فينبغي تقييمها على خطوتين:

الاولى، اختبار الكفاءة المطلقة ثم بعد ذلك اختبار الكفاءة النسبية. ويتعين عقد مقارنة بين المستوى الجاري للتشغيل (بدون تحديث) وبين التغيرات المتوقعة بالنسبة لنفس الوحدة الانتاجية بعد تطويرها. وتجدر الاشارة إلى أن تطبيق الخطوات العملية وتتابعها يطابق ما سبق بيانه بالنسبة للمشروعات الجديدة. غير ان هناك جوانب خاصة ومميزة في حساب مختلف المدخلات والمخرجات المستخدمة في حساب القيمة المضافة. وتستخدم المدخلات والمخرجات عند المستوى الجاري للتشغيل (قبل التحديث) كنقطة بداية. وينبغي اضافة المدخلات والمخرجات الاضافية إليها للوصول إلى القيمة الاجمالية لكل منها بعد التحديث وكما يأتي:-

قيمة المخرجات من المواد = قيمة المخرجات عند المستوى الجاري للتشغيل + قيمة المخرجات الاضافية نتيجة للتحديث.

قيمة المدخلات من المواد = المدخلات الجارية عند المستوى الجاري للتشغيل + المدخلات الاضافية.

قيمة راس المال = القيمة السوقية أو الدفترية للالات والمعدات المستخدمة من الوحدة القائمة + الاستثمارات الجديدة.

قيمة المدفوعات المحولة للخارج = قيمة المدفوعات المحولة عند المستوى الجاري + المدفوعات الاضافية، وكذلك بالنسبة للاجور.

والسؤال المهم هو هل ان القيمة المضافة بعد التطوير أكبر او على الأقل تساوي القيمة المضافة قبل التطوير؟ ويمكن كتابة ذلك على النحو التالي (من جهة اليسار):

$$\frac{P\ (VA)\quad \text{بعد التحديث}}{P\ (VA)\quad \text{قبل التحديث}} \geq 1$$

فاذا اجتاز المشروع هذا الاختبار يمكن عندها الاستمرار في الاختبارات التالية. وعلى افتراض اجتياز المشروع الخطوة الاولى (الكفاءة المطلقة) فان الخطوة التالية تكون معرفة ما إذا كانت القيمة المضافة المتوقع تولدها من المشروع بعد تحديثه أكبر أو على الأقل تساوي الاجور المدفوعة للعاملين وكما يأتي:

$$E_m = P\ (VA) \geq P\ (W)$$

حيث ان:

Em = اختبار الكفاءة المطلقة.

P (w) = القيمة الحالية للاجور بعد التحديث.

ويمكن القول بان مشروع التحديث يجتاز اختبار الكفاءة المطلقة اذا كانت القيمة الحالية المضافة أكبر من القمية الحالية للاجور.

4.4.6 قواعد تعديلات الاسعار[5]

من حيث المبدأ ينبغي تقييم المدخلات والمخرجات الخاصة بالمشروع بالاسعار الفعلية السائدة، إلا ان الاسعار الفعلية قد لا تعبر عن التكلفة الاجتماعية الحقيقية للسلع طالما أنها تتأثر بسياسات الحكومة المالية والاقتصادية والادارية. ولهذا يتعين مراجعة الاسعار الفعلية وتحديد الانحرافات الواضحة بغية تعديل أكثر

البنود أهمية وأكثر الاسعار اختلالاً، ومن ثم التخلص من تلك الاختلالات لايصال الاسعار إلى المستويات التي تعبر عن التكاليف الاجتماعية الحقيقية. وعليه ينبغي اجراء التعديلات هذه قبل البدء باجراء التقدير النهائي للربحية القومية.

تعديل أسعار المخرجات :

وتقسم المخرجات بموجب هذه الطريقة لتعديل الاسعار الى أربعة أقسام وهي:

1. **سلع التصدير:** ويتم تقييم هذه السلع بأسعار ما يعرف بـ Free On Board (FOB) . ان هذا السعر يمثل السعر الاجتماعي الذي تحصل عليه الدولة.
2. **السلع المسوقة محلياً والسلع البديلة للواردات:** وتُسعَّر هذه السلع باسعار ما يعرف بـ (CIF) Cost Insurance & Freight لانها تمثل التكلفة الحقيقية. أن أسعار (CIF) تتضمن ضرائب الاستيراد ورسوم الواردات والنقل المحلي والتأمين. وفي حالة وجود اعانات لبعض السلع فعندها تكون القيمة الاجتماعية مساوية لسعر السوق زائداً الاعانة. أما السلع غير الاساسية المسوقة محلياً فتقيم بالاسعار الفعلية للسوق المحلية التي قد تتضمن الضرائب غير المباشرة.
3. **خدمات للموافق الاساسية المحلية:** وتقيم مثل هذه الخدمات بالاسعار المحلية لانها تعكس تكلفتها الفعلية.

تعديل أسعار المدخلات :

أما المدخلات فتقسم إلى خمسة أقسام:

1. **سلع مستوردة:** وتقيم بقيمة (CIF) مع اضافة تكاليف النقل الداخلي والتأمين.

2. **سلع محلية:** بالنسبة للسلع المحلية والقابلة للتصدير يستخدم السعر الفعلي للسوق المحلية أو السعر الفعلي (F.O.B) أيهما أكبر. وهناك مدخلات تنتج محلياً ولكنها قابلة للاستيراد وينبغي في هذه الحالة استخدام السعر الفعلي للسوق المحلية أو السعر الفعلي (C.I.F) أيهما أكبر. أما المدخلات الاخرى فتقيم عند السعر الفعلي للسوق المحلية مضافاً إليها الاعانة (ان وجدت).
3. **خدمات مرافق:** مثل الكهرباء والماء والبخار والنقل والاصلاح والصيانة فتقيم بالسعر الفعلي للسوق المحلي أو تكلفة الانتاج أيهما أكبر. الجدول الملحق رقم(16-1).

وأخيراً يتم استخدام الاسعار الثابتة لكل المدخلات والمخرجات عند تقييم المشروع، ويستثنى من هذه الحالة توقع حدوث تغير واضح في أسعار بعض المدخلات والمخرجات أثناء عمر المشروع. وأن أية تغيرات مستقبلية متوقعة للاسعار بسبب التضخم النقدي يمكن ان تراعى بواسطة تحليل الحساسية.

5.4.6 استخدام المعلمات القومية [5] (National Parameters)

ان تقدير الربحية القومية للمشروع يتطلب تقدير المنافع والتكاليف الاقتصادية (القومية) مستخدمين بذلك (بالاضافة إلى أسعار السوق الفعلية أو المعدلة) بعض المعلمات القومية التي يتم حسابها على المستوى القومي، والتي تحدد خارج نطاق المشروع الاستثماري. ويمكن استخدام معلمتين قوميتين هما معدل الخصم الاجتماعي والسعر المعدل للصرف الاجنبي. وفيما يأتي شرح موجز لكل من المعلمتين المذكورتين.

معدل الخصم الاجتماعي (Social Rate of Discount)

ان معدل الخصم الاجتماعي هو التقدير الكمي الذي يعطيه المجتمع للمنافع والتكاليف المستقبلية أو بعبارة أخرى هو المعدل الذي به تتناقص على مر الزمن القيمة التي يعيطها المجتمع للمنافع والتكاليف المستقبلية بهدف التوصل الى القيمة الحالية لهذه المنافع والتكاليف. وتتجلى الأهمية الاقتصادية لمعدل الخصم في كونه يساعد على تخصيص الاعتمادات الاستثمارية الحكومية نحو افضل استخداماتها الاجتماعية. فاذا تحدد معدل منخفض جداً للخصم الاجتماعي فان الطلب على الاعتمادات الاستثمارية الحكومية سيفوق العرض، وبعكسه اذا تحدد معدل مرتفع جداً للخصم الاجتماعي فان عدداً أقل من المشروعات الاستثمارية سوف يجتاز اختبار الكفاءة المطلقة (أي تحقيق قيمة مضافة موجبة). ومن حيث المبدأ ينبغي اختيار معدل الخصم الاجتماعي الذي يؤدي إلى مساواة العرض مع الطلب على الاعتمادات الاستثمارية.

ويمكن احتساب معدل الخصم الاجتماعي على وفق الخطوات الاتية:

الخطوة الأولى: اعتماد سعر فائدة معين لاغراض الاقتراض والاستثمار كنقطة بداية. وفي هذا الصدد فان سعر الفائدة على القروض طويلة الاجل هو القاعدة المناسبة.

الخطوة الثانية: يمكن تعديل هذا السعر بالأخذ في الاعتبار الظروف السائدة في الدولة فيما إذا كانت دولة مقرضة أو مقترضة لرأس المال. ففي الحالة الاولى يتعين اعطاء علاوة مناسبة للمشروعات المحلية عن طريق تخفيض سعر الخصم، أي دعم المشروعات المحلية. وحين تكون الدولة مقترضة فينبغي ألا يقل معدل الخصم الاجتماعي عن سعر الفائدة الفعلي في السوق الراسمالية التي يتم اقتراض راس المال منها. ومن الافضل أن يكون معدل الخصم الاجتماعي أكبر من سعر الفائدة، وبعكسه فانه سيفتح الباب أمام مشروعات أقل كفاءة. وفي حالة كون الدولة

لا مقرضة ولا مقترضة فيمكن عندها اعتماد سعر الفائدة على القروض طويلة الاجل في السوق الراسمالية كنقطة بداية لمعدل الخصم الاجتماعي.

الخطوة الثالثة: يمكن ادخال تعديل على المعدل المعتمد للخصم الاجتماعي وذلك في حالتين:

أ- حالة المشروعات الخاصة بالصناعات الاساسية والاستراتيجية وكذلك حالة المشروعات التي تقام في مناطق متخلفة، وفي كلتا الحالتين يفضل استخدام معدل خصم منخفض لتشجيع قيام مثل هذه المشروعات، وكما في المعادلة الاتية:

$$r = SDR - P$$

حيث ان:

r = معدل منخفض لمعدل الخصم الاجتماعي.

P = العلاوة الخاصة بصناعة أو منطقة معينة والتي تؤدي إلى خفض معدل الخصم الاجتماعي.

ب- وفي حالة كون الهدف هو ابطاء عملية التنمية السريعة لاقليم ما فاله يمكن زيادة معدل الخصم ء ن طريق اضافة علاوة اخرى إلى معدل الخصم الاجتماعي العادي كما في المعادلة الاتية:

$$r = SDR + P$$

ومن الضروري مراجعة معدل الخصم الاجتماعي الذي يتحدد بهذه الطريقة بشكل دوري وكلما دعت الضرورة.

السعر المعدل للصرف الاجنبي (Adjusted Foreign Exchange Rate)

يستخدم هذا السعر كمقياس للقيمة الحقيقية للعملات داخل البلد عندما يكون هناك اختلال واضح في السعر الرسمي للعملة، وعندها يتعين تقدير المكونات بالنقد الاجنبي لمنافع وتكاليف المشروع على أساس السعر المعدل للصرف الاجنبي للوصول إلى التكاليف والمنافع الاقتصادية (القومية).

وبوجه عام يرتبط السعر المعدل للصرف الاجنبي بالموقف القائم والمتوقع لميزان المدفوعات في البلد. فالبلد الذي يعاني من عجز في ميزان المدفوعات يجب أن يعمل على تقدير السعر المعدل للصرف واستخدامه في تقييم المشروعات. وفي حالة كون البلد لا يعاني من عجز في ميزان مدفوعاته فأن السعر الرسمي يعبر عن القيمة القومية له.

ونظراً لأهمية السعر المعدل للصرف يتعين أن تتولى جهة مركزية تحديده لاغراض تقييم المشروعات. وفي غياب مثل هذا الاحتمال يمكن اللجوء إلى اسلوب مبسط لحسابه. ونقترح هنا طريقتين:

الاولى: استخدام نسبة العجز في ميزان المدفوعات لتقدير سعر الصرف المعدل.

الثانية: استخدام سعر الصرف السياحي بديلاً عن سعر الصرف المعدل.

نسبة العجز في ميزان المدفوعات:

ابتداء لا بد من معرفة ما إذا كان السعر الرسمي للصرف ملائماً أو يتطلب شيئاً من التعديل، وفي هذه الحالة يتم الاعتماد على نسبة العجز في الميزان إلى المتحصلات من الصرف الاجنبي طبقاً للمعادلة الاتية:

$$\text{السعر المعدل للصرف} = \text{السعر الرسمي} \quad 1+ \left[\frac{\left(\text{قيمة المدفوعات المنظورة وغير المنظورة بالعملة المحلية}\right) - \left(\text{قيمة المتحصلات المنظورة وغير المنظورة بالعملة المحلية}\right)}{\text{قيمة المتحصلات المنظورة وغير المنظورة بالعملة المحلية}} \right]$$

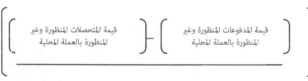

وبالرموز:

$$P^F = \frac{R^F(1 + M - B)}{B}$$

$$= R^F \times \frac{M}{B}$$

حيث ان:

P^F = السعر المعدل للصرف الاجنبي

R^F = السعر الرسمي

M = قيمة المدفوعات المنظورة وغير المنظورة مقومة بالعملة المحلية

B = قيمة المتحصلات المنظورة وغير المنظورة مقومة بالعملة المحليه

ويفضل حساب السعر المعدل للصرف الاجنبي باستخدام البيانات لفترة خمس سنوات مع حساب متوسط قيمة المدفوعات والمتحصلات لهذه الفترة. ان المقدار $\left(\frac{M}{B}\right)$ في المعادلة أعلاه يعكس قيمة العلاوة التي تضاف إلى السعر الرسمي.

سعر الصرف السياحي :

عند تعذر تطبيق الطريقة السابقة يمكن اللجوء إلى استخدام سعر الصرف السياحي ليمثل سعر الصرف المعدل. ان السعر الموضوعي والواقعي للعملات الاجنبية يقع عند نقطة بين السعر الرسمي والسعر الحر أي سعر السوق الموازي. وكمبدأ عام ينبغي ان يرتكز السعر الحقيقي على التكاليف المحلية لوحده الصرف الاجنبي وهي قيمة السلع المحلية التي تقدم مقابل وحدة من العملة الاجنبية.

وللسهولة يتم اللجوء إلى البحث عن قيمة تقريبية مقبولة فيما بين السعر الرسمي للصرف الاجنبي والسعر الحر، وان سعر الصرف السياحي يمثل هذه القيمة التقريبية. ويستخدم سعر الصرف السياحي بمثابة سعر الصرف المعدل للصرف الاجنبي ويساوي:

$$\text{سعر الصرف السياحي (السعر الموضوعي)} = \frac{\text{السعر الرسمي} + \text{السعر الحر}}{2}$$

جدول ملحق رقم (6 -1)

قواعد تعديل الأسعار

البنود	أساس التسعير	المبررات
أولا - المخرجات 1- سلع التصدير	السعر الفعلي للتصدير فوب (AFOB) Actual F.O.B.	اذ أن ذلك هو السعر الاجتماعي الحقيقي الذي حققه الاقتصاد القومي وينبغي التحقق مما إذا كان هناك إغراق مستتر أو عوامل أخرى تسبب انحراف هذا السعر.
2- مسوقة محلياً (بدائل للواردات)	السعر الفعلي للإستيراد سيف (ACIF) Actual C.I..F.	مثل البند السابق.
3- مسوقة محلياً (أ) سلع أساسية (ب) سلع غير أساسية	السعر الفعلي في السوق المحلية (ADMP) + الإعانة (إن وجدت) السعر الفعلي في السوق المحلية (ADMP) (بما فيها الضرائب غير المباشرة إن وجدت).	اذ ان الإعانات تمثل تكاليف اجتماعية إضافية تتحملها الحكومة.
4- خدمات المرافق الأساسية المسوقة محليا مثل الكهرباء والغاز والماء والبخار والنقل... الخ (إن لم تكن قابلة للتصدير)	السعر الفعلي في السوق المحلية (ADMP) أو التكلفة (أيهما أكبر).	اذ أن السعر الفعلي في السوق المحلية (ADMP) يتحدد أحياناً عند مستوى أقل من تكاليف الانتاج، حيث يتلقى المنتج إعانات.
ثانياً - المدخلات: 1- مستوردة (استثمارات ومدخلات من الموارد الجارية).	السعر الفعلي للإستيراد (ACIF) + تكاليف النقل الداخلي والتأمين .. الخ.	اذ أن هذا السعر هو السعر الاجتماعي الحقيقي الذي يتحمله الاقتصاد القومي غير انه ينبغي مراعاة الحذر بالنسبة لما قد يحتمل من وجود إغراق مستتر يؤثر على هذا السعر.
2- منتجة محلياً ومدخلات جارية من المواد (أ) قابلة لتصدير (سبق تصديرها من قبل وتقد تصدر الآن).	السعر الفعلي في السوق المحلي (ADMP) أو السعر الفعلي للتصدير فوب (AFOB) أيهما أكبر.	الموضوع تقديري: ففي حالة ما اذا كانت الأسعار الداخلية اقل كثيراً من السعر فوب فإنه يمكن القول أنه إما أن تكون الأسعار الداخلية تتضمن إعانة أو أن هذه السلع يمكن تصديرها. وفي هذه الحالة ينبغي الوصول إلى تصحيح موضوعي بشأن الأسعار الداخلية.
قابلة للاستيراد (سبق استيرادها من قبل وقد تستورد الآن).	السعر الفعلي في السوق المحلي (ADMP) أو السعر الفعلي للاستيراد ACIF أيهما أقل.	هنا أيضاً ينبغي اتخاذ قرار بشأن تعديل السعر الفعلي للسوق المحلية (ADMP) لوضعه عند مستوى مناسب ومعقول وذلك في حالة ما اذا كان أكبر كثيراً من سعر الاستيراد سيف.

(جـ) أخرى.	السعر الفعلي في السوق المحلي (ADMO) + الإعانات.	اذا أن الاعانات تمثل تكاليف اجتماعية اضافية تتكبدها الحكومة.
3- خدمات المرافق الاساسية المنتجة محلياً مثل الكهرباء والماء والغاز والبخار والنقل .. الخ (إذا لم تكن قابلة للتصدير أو الاستيراد).	السعر الفعلي في السوق المحلي (ADMP) أو التكلفة ... أيهما اكبر.	اذ أن السعر الواقعي للسوق المحلية (ASMP) لهذه المرافق أحياناً ما يكون موضوعاً عند مستوى يقل عن تكاليف الانتاج مما يعدي إعانة مستترة.
4- الارض.	السعر الفعلي في السوق المحلي (ADMP) للأرض الخاصة للانشاءات الصناعية.	
5- العمالة.	الاجور والمرتبات الفعلية زائد المزايا العينية.	

(*) لتحويل السعرين فوب وسيف إلى الصرف المحلي ينبغي استخدام السعر المعدل للصرف الأجنبي.

هوامش الفصل السادس

(1) لمزيد من التفاصيل راجع:
United Nations Industrial Development Organisation (UNIDO) Guidelines for Project Evaluation, N. y. UN, 1972.

(2) أنظر:
I. M. D. Little, and J.A. Mirrlees, Project Appraisal and Planning for the Developing Countires, London: Heinemann Educational Books, 1974.

(3) المنظمة العربية للتنمية الصناعية ومنظمة الامم المتحدة للتنمية الصناعية، دليل المفاضلة والتقييم، مرجع سابق ص ص 119 - 129.

(4) قارن: د. سعيد عبد العزيز عثمان، دراسات جدوى المشروعات بين النظرية والتطبيق، كلية التجارة، جامعة الاسكندرية، 2000، ص ص 517-534.

(5) المنظمة العربية للتنمية الصناعية، مرجع سابق، ص ص 119-129.

(6) نفس المرجع ص ص 234 - 249.

الفصل السابع

تحليل الربحيه التجارية والقومية في ظروف المخاطر وعدم التأكد

مقدمة

7. 1 تحليلات نقطة التعادل

7. 2 تحليلات الحساسية

7. 3 التحليل الاحتمالي

الفصل السابع

تحليل الربحية التجارية والربحية القومية في ظروف المخاطر وعدم التأكد

مقدمة:

استند التحليل السابق على فرضية المعرفة التامه بالمستقبل. إلا أنه غالباً ما تكتنف النظره إلى المستقبل عوامل عدم التأكد، مما يفرض على مقيمي المشروعات معالجة هذه المشكلة والتوصل إلى قرارات استثمارية تنسجم مع الواقع الاقتصادي. وأن كلاً من المتغيرات الأساسية الداخله في حساب الربحيه التجاريه والقوميه يمكن أن تكون محلاً لعدم اليقين وعدم التأكد. (Uncertainty) .

ويقصد هنا بعدم التأكد عدم توفر المعلومات الكافيه اللازمه لعملية التقييم، وقد تتوفر المعلومات عن البدائل المقترحه إلا أنه قد يواجه كل بديل عدة احتمالات وعليه لابد من تحليل ودراسة تلك الاحتمالات وأخذها بنظر الاعتبار بغية التمكن من الحكم على جدوى المشروعات والمفاضله بينها في ظل وجود حالة عدم التأكد.

وهناك بعض المتغيرات التي تكون خاضعه للشك أثناء عملية تقييم المشروعات الاستثمارية مثل حجم الاستثمارات وتكاليف التشغيل وإيرادات المبيعات وأسعار البيع الخ. كما أن الزمن يعتبر عنصراً أساسياً في تخطيط الاستثمار ولهذا فإن توقيت مراحل المشروع قد يكون حرجاً بالنسبة لعملية التقييم. ولهذه الأسباب فإن على مقيمي المشروع تحديد المتغيرات الرئيسية التي يتعين عليهم تحليل عد التأكد بشأنها.

وإضافة إلى ما سبق فهناك عوامل أخرى تجعل امكانية التنبؤ الدقيق أمراً غير قابل للتحقيق وأهمها التضخم النقدي الذي يؤدي إلى ارتفاع معدلات الأسعار للسلع والخدمات، ثم التغيرات التكنولوجية، وإمكانية استغلال الطاقات الإنتاجية

بشكل أمثل، أو التقديرات المنخفضة أو المبالغ فيها لرأس المال الثابت أو رأس المال التشغيلي (العامل).

ومن الأساليب الشائعة المتبعه لمعالجة وتحليل عدم التأكد هي تحليلات نقطة التعادل (BEP) Break Even Point،وتحليلات الحساسية (Sensitivity Analysis) أو اجراء تحليل للاحتمالات لكل متغير من المتغيرات الخاصه بتقييم المشروع الاستثماري.واضافة إلى ما سبق فإنه يمكن أيضاً معالجة حالات الخطر وعدم التأكد المتعلقه بالمشروعات الاستثمارية باستخدام معيار فترة الاسترداد أو تعديل سعر الخصم المستخدم في تقييم المشروع.

ولتغطية كل هذه الجوانب سنتناول الموضوعات الآتية:

1.7 تحليلات نقطة التعادل

2.7 تحليلات الحساسيه

3.7 التحليل الاحتمالي

1.7 تحليلات نقطة التعادل [1]

تختص تحليلات نقطة التعادل بدراسة العلاقة بين الإيرادات والتكاليف والأرباح عند مستويات مختلفة من الإنتاج أو المبيعات. إن فكرة نقطة التعادل تعني تحديد أدنى مستوى انتاجي و/أو أدنى مستوى للمبيعات التي يمكن أن يصله المشروع دون تعريض بقائه المالي للخطر، أي مستوى التشغيل الذي لا يحقق فيها المشروع أرباحاً أو خسائر. ويمكن التعبير عن نقطة التعادل على أساس حجم الإنتاج (بالوحدات) في حالة كون انتاج المشروع يقتصر على سلعه واحدة[2] أو كنسبة مئوية من الطاقة الإنتاجية المستخدمة أو مقدار عوائد المبيعات. وكلما انخفضت نقطة التعادل كلما ارتفعت فرص المشروع في تحقيق الأرباح وتقلص احتمال تحقيق الخسائر. وان الفرق بين حد الاستخدام المتوقع لطاقة المشروع الكلية

وبين نقطة التعادل يمثل منطقة الأمان التي يتمتع بها المشروع. ويفضل اعتماد بيانات سنه عاديه من سنوات التشغيل لغرض احتساب نقطة التعادل.

والشكل البياني رقم (7-1) أدناه يبين كيفية تحديد نقطة التعادل التي تمثل النقطة التي تتساوى عندها التكاليف الكليه والإيرادات الكليه عند حجم انتاج (14) ألف طن. وإلى اليمين من تلك النقطة يحقق المشروع أرباحاً وإلى يسارها يحقق خسائر.

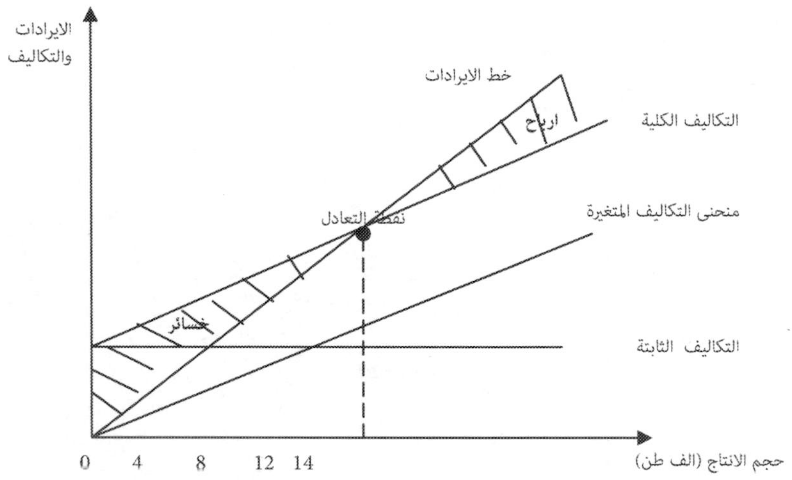

الشكل البياني رقم (7-1)

فرضيات التحليل: تستند تحليلات نقطة التعادل على عدد من الافتراضات التبسيطية الآتية:

1. وجود منتج واحد فقط.
2. بقاء التكاليف الثابتة على ثباتها بصرف النظر عن حجم المبيعات.
3. وجود علاقة خطية بين كمية المخرجات وبين التكاليف المتغيرة مما يجعل التكاليف الكلية تتغير بنسبة ثابتة مع تغير حجم الإنتاج.
4. إن حجم الإنتاج مساوي لحجم المبيعات.

5. إن أسعار الوحدات المباعه لا تتغير مع تغير حجم الإنتاج (أي أنها تبقى ثابتة).

وتقاس نقطة التعادل جبرياً، وبالوحدات الكمية للمنتجات بالمعادلة الآتية:

$$B.E.P = \frac{F}{P - v} \quad \ldots\ldots\ldots\ldots\ldots\ldots\ldots\ldots\ldots (1)$$

حيث أن:

F = اجمالي التكاليف الثابتة السنوية (بما فيها الفوائد).

P = سعر البيع للوحده من الإنتاج.

v = التكاليف المتغيره للوحده من الإنتاج على أساس الطاقه الانتاجيه الكامله.

وقد تم اشتقاق معادلة نقطة التعادل أعلاه بالطريقه الآتيه:

نفترض أن:

قيمة المبيعات = تكاليف الإنتاج .... (2)

وأن قيمة المبيعات = حجم المبيعات × سعر الوحده .... (3)

وأن تكاليف الإنتاج = التكاليف الثابتة + التكاليف المتغيرة .... (4)

فإذا استخدمنا الرمز (X) لمتغير حجم الإنتاج (المبيعات) عند نقطة التعادل، واستخدمنا الرمز (Y) كمتغير لقيمة المبيعات (= تكاليف الإنتاج)، وأن المتغيرات F و P و V هي كما ورد تعريفها أعلاه، فيمكن التوصل إلى التعابير الآتيه:

معادلة المبيعات: $Y = PX$ .... (3A)

معادلة تكاليف الإنتاج : $Y = V X + F$ .... (4A)

وعليه فإن: (5) .... $PX = VX + F$

$$PX - VX = F$$

$$X(P-V) = F$$

$$\therefore X = \frac{F}{P-v} \qquad \text{.........................} \quad (6)$$

وهكذا فإن المعادلة الأخيرة تبين بأن نقطة التعادل تتحدد من خلال العلاقه بين التكاليف الثابتة وبين الفرق بين سعر الوحده المباعه والتكاليف المتغيره للوحده من الانتاج. إن معادلة نقطة التعادل الاخيرة معبر عنها هنا بالوحدات من الإنتاج. وإذا أريد الحصول على نقطة التعادل كنسبة من الطاقة الإنتاجية الكليه فيتم ذلك بقسمة الانتاج بالوحدات (X) على الطاقة الإنتاجية الكلية للمشروع، ويتم ضرب الناتج في مائه.ويمكن الحصول على نقطة التعادل كقيمة مبيعات وذلك من خلال ضرب كمية الانتاج عند نقطة التعادل بسعر الوحدة المباعة للمشروع الاستثماري.

مثال: احتساب نقطة التعادل

لدينا المعطيات الآتيه عن مشروع استثماري :

سعر البيع (P) = 2.0 دينار

اجمالي التكاليف الثابتة (F) = 30000 دينار

التكاليف المتغيرة للوحده (v) = 0.9 دينار

طاقة المشروع التصميميه = 50000 وحده

وعليه فإن نقطة تعادل المشروع بالوحدات الكمية هي:

$$B.E.P = \frac{F}{P-v} = \frac{30000}{2.0-0.9} = 27273$$ وحدة

أما نقطة التعادل كنسبة من الطاقة الانتاجية فتساوي:

$$\frac{27273}{50000} \times 100 = 54.5\%$$

أي أنه عند مستوى من الإنتاج يبلغ 27273 وحده، وبواقع استخدام للطاقة الإنتاجيه بنسبة 54.5% يتوقع أن لا يحقق المشروع أرباحاً أو خسائر، وهذه في نقطة التعادل. وإذا أريد التعبير عن نقطه التعادل بايرادات المبيعات فيتم ضرب معادلة نقطة التعادل رقم (1) في سعر البيع. أي أن المعادلة رقم (1) تصبح كالآتي:

$$B.\ E.\ P. = P\left(\frac{F}{P - v}\right) \quad \ldots\ldots\ldots\ldots\ldots\ldots\ldots\ldots (7)$$

وباعتماد أرقام المثال أعلاه تصبح مبيعات نقطة التعادل تساوي :

$$B.\ E.\ P. = 2 \times \frac{30000}{2.0 - 0.9}$$

$$= 2 \text{ x } 27273$$

$$B.E.P = 54546$$ دينار

أي أن إجمالي ايرادات المبيعات عند نقطة التعادل يساوي 54546 ديناراً. أما قيمة المبيعات عند استخدام كامل الطاقة الإنتاجية (100%) فإنها تبلغ 100000 دينار (50000 وحده × 2دينار). ولو قسمنا المبيعات السابقة عند نقطة التعادل على مبيعات الطاقه الإنتاجيه الكاملة لحصلنا على نسبة استغلال الطاقة الإنتاجية محسوبه بالوحدات النقديه وكما يأتي:

$$\frac{54546}{100000} \times 100 = \%54.5$$

وهكذا نجد بأن نقطة التعادل لدى المشروع تبلغ 27273 بالوحدات المنتجة ونحو 54546 ديناراً بقيمة المبيعات ونحو 54.5% من الطاقة الانتاجية التصميمية.

وتجدر الإشارة إلى أنه كلما ترتفع نقطة التعادل كلما يشير ذلك إلى أن المشروع الاستثماري ضعيف من الناحية الاقتصادية، وكلما ترتفع التكاليف الثابتة كلما ترتفع نقطة التعادل ويكون المشروع ضعيفاً. وعلى العكس من ذلك كلما يرتفع

الفرق بين سعر الوحده المباعه وبين التكلفه المتغيرة للوحدة كلما تنخفض نقطة التعادل ويكون المشروع ذا جدوى اقتصادية عاليه. وتتفاوت نقطة التعادل من مشروع لآخر تبعاً لمستوى المؤشرات الاقتصادية للمشروع وتبعاً لخصائص النشاط الصناعي.

ويمكن الحصول على نقطه التعادل كنسبة من استغلال الطاقة بشكل مباشر وبخطوة واحده من خلال استخدام المعادله المحوره لنقطة التعادل وكالآتي:

$$B.E.P = \frac{F}{R - V} \quad \ldots\ldots\ldots\ldots\ldots\ldots\ldots (8)$$

حيث أن:

R = إجمالي العوائد من المبيعات عند استغلال كامل الطاقه

V = إجمالي التكاليف المتغيرة.

وباستخدام أرقام المثال السابق أعلاه فإن مستوى استغلال الطاقة الإنتاجية عند نقطة التعادل هي:

$$B.\ E.\ P. = \frac{30000}{100000 - 45000} \times 100 = 54.5\%$$

وهي نفس النسبة التي حصلنا عليها بالطريقة الأولى.

ويمكن استخدام تحليلات نقطة التعادل لأغراض تحليلات الحساسية للمشروعات الاستثمارية وذلك باعتماد المعادله المحوره رقم (8) أعلاه عندما نريد قياس أثر التغيرات السعرية أو أثر التغيرات في التكاليف الاستثماريه الثابتة أو المتغيرة على نقطة التعادل وبالتالي على ربحية وجدوى المشروع، كما سنرى لاحقاً.

وفي معرض تقييم تحليلات نقطة التعادل فإنه يمكن اعتبارها أسلوباً مناسباً ومكملاً لتقييم المشروعات وخاصة في ظل ظروف عدم التأكد، وعندما تواجه الإدارة بعض الاحتمالات في المستقبل. ولابد من الإشارة إلى أن هذه التحليلات تواجه العديد من الانتقادات والتحفظات وأهمها:

1. عدم واقعية الافتراضات التي تستند عليها التحليلات المذكورة وخاصة افتراض ثبات سعر بيع الوحده أو التكاليف المتغيره للوحده.
2. يعتمد التحليل على التمييز بين التكاليف الثابتة والتكاليف المتغيرة، وأن مثل هذا التمييز غير دقيق، أو أن هناك بعض التكاليف التي يصعب تحديد هويتها.
3. في حالة كون المشروع ينتج عدداً من المنتجات فإن التحليل يفترض بأنه يمكن تحويل المنتجات المتعدده بسهولة إلى منتج رئيسي واحد، ومثل هذا الافتراض قد يكون غير عملي في كثير من الأحيان.
4. يفترض التحليل أن توليفة الإنتاج تظل ثابتة أو أنها تتغير بنسب معينة.

إلا أنه رغم تلك الانتقادات فإن تحليلات نقطة التعادل تعتبر أسلوباً مفيداً يمكن من خلاله استشراف جدوى وربحية المشروع الاستثماري وخاصة في ظروف عدم التأكد.

2.7 تحليلات الحساسية [(3)] (Sensitivity Analysis)

تعتبر تحليلات الحساسية من بين إحدى الوسائل المستخدمة في عملية تقييم المشروعات في ظروف عدم التأكد. ويقصد بتحليل الحساسية قياس آثار التغيرات التي تحدث في مدخلات ومخرجات المشروع الاستثماري (خلال عمره الافتراضي) على الجدوى الاقتصادية أو ربحية المشروع. وبتعبير آخر كيف تتغير صافي القيمة الحالية للمشروع أو معدل العائد الداخلي أو نقطة التعادل نتيجة لتغير

واحد أو أكثر من المتغيرات المستخدمة في دراسة الجدوى، مثل كمية المبيعات أو سعر الوحده المباعه أو التكاليف الاستثمارية الثابتة أو التكاليف المتغيره (التشغيلية) أو حتى عدد سنوات عمر المشروع. ومعلوم أن أي تغير يحدث في هذه المتغيرات أو العناصر المذكورة ينعكس على ربحية المشروع بالإيجاب أو بالسلب. ومن مقارنة التغير الذي يحدث في ربحية المشروع نتيجة للتغير الحاصل في العنصر المؤثر يتبين مدى حساسية المشروع للتقلبات المتوقعه في العناصر ذات الصله.

ومن المهم أن يتم، في بداية الأمر، تحديد العوامل المهمة التي تؤثر في التدفقات النقدية الداخلة والخارجة من وإلى المشروع، والتي يتعين تحليل أثر التغير فيها على ربحية وجدوى المشروع. ومن المعتاد أن يتم قياس أثر التغير في أحد العوامل وافتراض بقاء العوامل الأخرى على حالها. ولهذا فإن قياس درجة الحساسية للمشروع الاستثماري تشبه عملية قياس مرونة الطلب السعرية، حيث الطلب هو المتغير التابع والسعر هو المتغير المستقل. وبافتراض أن ربحية المشروع هي المتغير التابع وأن أحد العوامل المؤثرة هو المتغير المستقل فيمكن قياس معامل الحساسية (Coefficient of Sensitivity) كما يأتي:

معامل الحساسية = (مقدار التغير في المتغير التابع / المتغير التابع قبل التغيير) ÷ (مقدار التغير في المتغير المستقل / المتغير المستقل قبل التغيير)

وبافتراض أن المتغير التابع هو صافي القيمة الحالية (NPV) أو معدل العائد الداخلي (IRR) أو نقطة التعادل (BEP) مثلاً وأن المتغير المستقل هو التكاليف الاستثمارية الثابتة، فإذا كان المعامل أكبر من واحد صحيح فهذا يعني أن التغير في المتغير المستقل بنسبة معينة سوف يؤدي إلى إحداث تغير في المتغير التابع بنسبة أكبر، أي أن المشروع الاستثماري حساس للتغيرات الحاصلة في

التكاليف الثابتة. وكلما ارتفع معامل الحساسية كلما ازدادت درجة حساسية المشروع للتغيرات الحاصلة في العنصر المعني.

تحليل الحساسية بالاعتماد على القيمة الحالية :

ويمكن إجراء اختبار حساسية صافي القيمة الحالية لمشروع افتراضي بالنسبة للتغيرات الحاصله في أحد المتغيرات الداخلة في احتساب القيمة المضافة الصافيه و لتكن التكاليف الاستثمارية على سبيل المثال.

مثال رقم (1):

مشروع استثماري قدرت تكاليفه الاستثمارية بمبلغ 30000 دينار، تنفق كلها في السنة الأولى (السنه صفر)، وقدر عمره الاقتصادي بسنتين (لأغراض التبسيط)، وقدرت صافي التدفقات النقدية السنوية خلال عمره الاقتصادي بنحو 20000 دينار و 25000 دينار على التوالي. فإذا علمت أن تكلفة اقتراض رأس المال (سعر الخصم) هي 9% سنوياً.

المطلوب: تحليل حساسية المشروع للزيادة الحاصلة في التكاليف الاستثمارية والبالغة 10%.

الحل: نبدأ بتقييم المشروع باحتساب صافي القيمة الحالية قبل حدوث الزيادة في التكاليف الاستثمارية. ثم نقيس أثر تلك الزيادة على صافي القيمة الحالية للمشروع موضوع البحث، ويمكن اتباع الخطوات الآتية:

أ- حساب صافي القيمة الحالية للمشروع بمعدل خصم 9% في ظل الظروف القائمة:

السنة	صافي التدفق النقدي	معامل الخصم 9%	صافي القيمة الحالية
صفر	(30000)	1	(30000)
1	20.000	0.917	18340
2	25.000	0.841	21025
	صافي القيمة الحالية		9365

فالمشروع يحقق صافي قيمة حالية موجبة ولهذا يعتبر مقبولاً.

ب- حالة زيادة التكاليف الاستثمارية بنسبة 10% مما يجعل التكاليف 33000 دينار 30000 + (30000 × 10%). وعليه نعيد حساب صافي القيمة الحالية للمشروع في ظل هذا التغير.

السنة	صافي التدفق النقدي	معامل الخصم 9%	صافي القيمة الحالية
صفر	(33000)	1	(33000)
1	20000	0.917	18340
2	25000	0.841	21025
	صافي القيمة الحالية		6365

أي إن زيادة التكاليف الاستثمارية بمقدار 3000 دينار سوف تؤدي إلى انخفاض صافي القيمة الحالية بمقدار 3000 دينار (9365-6365)، لكن صافي القيمة الحالية يبقى موجباً مما يعني استمرار قبول المشروع.

ويمكن قياس معامل الحساسية على النحو الآتي (من اليسار إلى اليمين):

$$S.\ C = \frac{3000}{30000} \div \frac{3000}{9365}$$

(معامل الحساسية)

$$= 0.1 \div 0.32$$

$$= 3.20$$

وهذا يعني أن معامل الحساسية أكبر من واحد والذي يبين بأن زيادة التكاليف الاستثمارية بنسبة 10% تؤدي إلى تخفيض صافي القيمة الحالية بنسبة 32% (من 9365 إلى 6365)، أي أن المشروع الاستثماري حساس للتغيرات الحاصلة في التكاليف الاستثمارية الثابته.

مثال رقم (2)

يمثل هذا المثال حالة عدم التأكد بالنسبة للاستثمارات والذي ينتج عنه تقديران أحدهما متفائل والآخر متشائم.

نفرض في نطاق التأكد قدرت الاستثمارات بنحو 200 ألف دينار، يصرف منها 100 ألف دينار في السنة صفر و100 ألف الثانية في السنة التالية (السنة 1) ومع حساب عناصر التدفق النقدي الأخرى للمشروع الذي يبلغ عمره الاقتصادي 20 سنه، فإن صافي القيمة الحالية للمشروع يبلغ 114.2 ألف دينار (انظر الجدول رقم 8.4 بند7).

ولنفرض أن الاستثمارات قد تتراوح - بسبب عدم التأكد بخصوص الإحتياجات والأسعار الحالية للمعدات ما بين 180 ألف دينار و250 ألف دينار. ويمكن اعتبار ال رقم 180 ألف دينار كتقدير متفائل للاستثمارات الكليه والرقم 250 ألف دينار كتقدير متشائم. وتتوزع هذه الاستثمارات على السنتين صفر وواحد. وبطبيعة الحال يؤدي ذلك إلى تغير حسابات صافي القيمة الحالية كما يأتي:

التقدير المتفائل

السنة	الاستثمارات السنوية (ألف دينار)	معامل الخصم %7	صافي القيمة الحالية (ألف دينار)
صفر	90	1.00	90.0
1	90	0.93	83.7
القيمة الحالية للاستثمارات			173.7

وباعتماد القيمة الحالية لصافي التدفق النقدي الداخل للمشروع الافتراضي في الجدول رقم (8.4) للسنوات 2-20 والبالغة 334.2 ألف دينار فإن صافي القيمة الحالية (NPV) تساوي القيمة المذكورة مطروحاً منها القيمة الحالية للاستثمارات والبالغة 173.7 ألف دينار وبذلك فإن صافي القيمة الحالية يكون (من اليسار):

NPV = 334.2 - 173.7 = 160.5 ألف دينار

التقدير المتشائم

السنة	الإستثمارات السنوية (ألف دينار)	معامل الخصم %7	القيمة الحالية (ألف دينار)
صفر	120	1.00	120.0
1	130	0.93	120.9
القيمة الحالية للاستثمارات			240.9

وبطرح القيمة الحالية للإستثمارات 240.9 ألف دينار من القيمة الحالية للتدفق النقدي الداخل والبالغ نحو 334.2 ألف دينار نحصل على صافي القيمة الحالية (من اليسار):

NPV = 334.2 - 240.9 = 93.3 ألف دينار

ويتبين من ذلك أن صافي القيمة الحالية للمشروع حساسه بالنسبة للتغيرات في التكاليف، وهي تتراوح بين 93.3 ألف دينار للافتراض المتشائم ونحو 160.5 ألف دينار للافتراض المتفائل. إلا أنه رغم ذلك تظل للمشروع قيمة حالية صافية موجبة رغم أن المشروع قد يواجه خطورة.

تحليل الحساسية اعتماداً على نقطة التعادل:

ويمكن أيضاً تطبيق تحليلات الحساسية للمشروعات الاستثمارية لقياس أثر التغيرات التي قد تحصل في بعض عناصر التكاليف أو الإيرادات على نقطة تعادل المشروع في حالة حصول تغير في سعر الوحدة المباعة أو التكاليف الثابتة أو التكاليف المتغيرة الخ، وكما في المثال الآتي:

مثال رقم (3)

قياس تأثير تغير سعر الوحدة المباعة على نقطة التعادل للمشروع .

افترض لدينا المعطيات الآتية:

عوائد المبيعات = 12500 ألف دينار

التكاليف الثابتة = 3280 ألف دينار

منها:

الاهتلاك = 780 ألف دينار

التكاليف المتغيرة = 6500 ألف دينار

كمية الانتاج = 2000 ألف وحدة

سعر الوحدة المباعة = 6.25 دينار

نفرض حصول انخفاض في سعر الوحدة المباعة من 6.25 دينار إلى 5.75 دينار، فما هو أثر ذلك على نقطة تعادل المشروع.

الجواب: باستخدام معادلة نقطة التعادل رقم (8) أعلاه نقوم باحتساب نقطة التعادل بعد حصول التغير في السعر.

$$\text{نقطة التعادل} = \frac{\text{التكاليف الثابتة}}{\text{عوائد المبيعات} - \text{التكاليف المتغيرة الإجمالية}}$$

$$= \frac{\text{التكاليف الثابتة}}{\text{(السعر× حجم الإنتاج)- (التكاليف المتغيرة للوحده × حجم الإنتاج)}}$$

وبالأرقام فإن نقطة تعادل المشروع تصبح (من اليسار) :

$$\text{B. E. P.} = \frac{3280}{(5.75 \times 2000) - 6500} \times 100$$

$$\text{B. E. P.} = \frac{3280}{11500 - 6500} \times 100 = 65\%$$

وهنا نلاحظ بأن نسبة استغلال الطاقة الإنتاجية عند نقطة التعادل قد ارتفعت إلى 65% بعد أن كانت 54.7% قبل انخفاض سعر الوحدة المباعة. وبضرب النسبة أعلاه بكل من كمية الإنتاج وعوائد المبيعات نحصل على 1300 ألف وحدة لإنتاج نقطة التعادل ونحو 7475 ألف دينار لعوائد مبيعات نقطة التعادل، وهذا يشير إلى أنه بعد انخفاض سعر الوحدة المباعه فإنه حصل ارتفاع في نسبة استغلال الطاقة وحجم الانتاج وقيمة المبيعات التي تتحقق عند نقطة التعادل مما يشير بوضوح إلى تدني مستوى جدوى وربحية المشروع.

ويمكن حساب معامل حساسية المشروع للتغير في سعر الوحدة المباعه كما يأتي:

$$\text{معامل الحساسية} = \frac{\text{نسبة تغير نسبة الاستغلال}}{\text{نسبة تغير السعر}}$$

وبالأرقام (من اليسار):

$$\text{معامل الحساسية} = \frac{54.7 - 65.0}{54.7} \div \frac{5.75 - 6.25}{6.25}$$

$$= \frac{0.19}{0.08} = 2.38$$

وحيث أن المعامل أكبر من واحد صحيح فهذا يشير إلى أن المشروع حساس لتغير سعر الوحدة المباعة حيث أن انخفاض السعر بنسبة 8% أدى إلى ارتفاع نسبة استغلال الطاقة عند نقطة التعادل بنسبة 19% .

واذا اريد ايجاد سعر البيع الذي يحقق المشروع عنده نقطة التعادل فيمكن استخدام المعادلة الآتية:

$$PX = VX + F$$

وبالأرقام

$$P\,(2000) = 6500 + 3280$$

$$P = 4.89 \quad \text{دينار}$$

ومعنى ذلك أن المشروع سوف يواجه خسائر ماليه إذا انخفض سعر الوحدة المباعه دون 4.89 دينار. ومن مقارنة سعر نقطة التعادل والبالغ 4.89 دينار مع السعر المحتسب على أساس الطاقة الإنتاجية الكاملة والبالغ 6.25 دينار نحصل على ما يعرف بهامش الأمان (Safety Margin) في السعر لدى المشروع وكما يأتي (من اليسار) :

$$\text{Safety Margin} = \frac{6.25 - 4.89}{6.25} \times 100 = 21.8\%$$

(هامش الامان)

ويستفاد من هذا الهامش لغرض المناوره بالسعر، وخصوصاً في بداية الدخول إلى السوق من قبل المشروع، أي أن المشروع يستطيع تخفيض سعر الوحدة المباعة بنسبة حوالي 25% دون أن يتعرض إلى الخسارة المالية.

أما هامش الأمان بالنسبة للإنتاج فيتحدد بواسطة مقارنة معدل استغلال الطاقة عند نقطة التعادل مع معدل الاستغلال الكامل للطاقة وكما يأتي (من اليسار):

هامش الامان للانتاج = 100% − 65% = 35%

وهذا يعني أن هامش الأمان للإنتاج في هذه الحالة هو 35% ، أي أنه يستطيع المشروع أن يخفض حجم انتاجه بنسبة 35% عن مستوى الإستغلال الكامل للطاقة دون أن يتعرض إلى خسائر مالية.

مثال رقم (4) :

تأثير تغير التكاليف المتغيرة على نقطة التعادل.

نفرض بأن تكاليف الإنتاج المتغيرة تزداد بنسبة 10% بينما تبقى التكاليف الثابته والاهتلاك على حالهما. فما أثر ذلك على نقطة تعادل المشروع.

الإجابة: نقوم باحتساب نقطة التعادل (بعد الزيادة الحاصلة في التكاليف المتغيرة) كنسبة من استغلال الطاقة وكحجم الإنتاج وقيمة المبيعات. ابتداء أن الزيادة في التكاليف المتغيرة بنسبة 10% تجعل التكاليف المتغيرة الجديدة تزداد إلى 7150 ألف دينار أي 6500 + (6500 × 10%) وباستخدام المعادلة رقم (8) نحصل على نقطة التعادل الجديدة:

$$\text{B. E. P.} = \frac{3280}{12500-(6500+650)} \times 100 = 61\%$$

أي أن نسبة استغلال الطاقة عند نقطة التعادل الجديدة ترتفع بعد زيادة التكاليف المتغيرة إلى 61% بعد أن كانت 54.6%، وأن حجم الإنتاج عند نقطة التعادل يرتفع إلى 1220 ألف وحده بعد أن كان 1093 وأن قيمة عوائد المبيعات عند نقطة التعادل ترتفع إلى 7625 ألف دينار بعد أن كانت 6831 ألف دينار قبل حدوث التغير في التكاليف المتغيره.

إن ذلك يشير إلى حدوث انخفاض في مستوى جدوى المشروع بسبب ارتفاع التكاليف المتغيره، وهذا معناه أن على المشروع أن يزيد من استغلال الطاقة الإنتاجية وأن يزيد من حجم الإنتاج وعوائد المبيعات لكي يصل إلى نقطة التعادل ويتجنب الخسائر المالية.

وهكذا فإن تحليلات الحساسية تعتبر أداة مناسبة لاختبار مدى حساسية المشروع الاستثماري للتغير الذي قد يحصل في أحد المتغيرات. وطبيعي أن التقديرات المختلفة لأي من المتغيرات ستكون لها عدة احتمالات للحدوث، إلا أن تحليل الحساسية لا يرشدنا إلى احتمال حدوث أي منها، ولهذا يتم اللجوء إلى ما يعرف بالتحليل الاحتمالي كما سيرد أدناه.

3.7 التحليل الاحتمالي

ويقصد بذلك تقدير مدى تكرار وقوع حدث معين ويقاس كنسبة عدد المرات المختلفة لوقوع الحدث إلى العدد الكلي لإمكانية وقوع الحدث. ويهدف هذا التحليل إلى تجنب استناد القرار على تقدير واحد متفائل أو متشائم أو واقعي، وذلك عن طريق تحديد المدى لأي متغير واعطاء كل القيم الممكنه للمتغير احتمالات معينه للحدوث ضمن هذا المدى. وتتراوح هذه الاحتمالات بين الصفر والواحد صحيح بحيث يكون مجموع هذه الأرقام لكل متغير مساوياً للواحد صحيح. وتجري الحسابات الخاصة لكل مؤشر بنفس الطريقة السابقة والإختلاف الوحيد هو وجوب

حساب عدة قيم لكل مؤشر في نفس الوقت مع اجراء تقدير لإحتمال تحقق كل من هذه القيم.

مثال (1):

نفترض أن تكلفة الاستثمار المتفائل والبالغ 200 ألف دينار باحتمال حدوث بنسبة 70% وأن تكلفة الاستثمار المتشائم والبالغ 250 ألف دينار باحتمال حدوث بنسبة 30%، عندها تكون القيمة المتوقعة للإستثمار كما يأتي (من اليسار):

$$200 \times 0.70 = 140$$

$$250 \times 0.30 = \underline{75}$$

215 الف دينار القيمة المتوقعة للاستثمار

وهكذا بالنسبة للدخل واحتمالات تحققه أو أي متغير آخر.

هوامش الفصل السابع

(1) المنظم العربية للتنمية الصناعية، دليل المفاضلة وتقييم المشروعات، مرجع سابق، ص ص 257 - 266 .

(2) عندما تكون هناك عدة منتجات متشابهة فيمكن تحويلها إلى ما يساويها من أحد المنتجات واعتبار إحدى السلع رئيسية وحساب نقطة التعادل لها.

(3) قارن في ذلك:

- المنظمة العربية للتنمية الصناعية: دليل التقييم والمفاضلة، مرجع سابق، ص ص 258 - 266 .
- د. حمدى عبد العظيم، مرجع سابق، ص ص 197-198 .
- د. سعد طه علام، مرجع سابق، ص ص 246-247 .

الفصل الثامن

تقييم الأداء في المنشآت الصناعية

الفصل الثامن

تقييم الأداء في المنشآت الصناعية

مقدمة:

تضطلع المنشآت الصناعية بمهمة إنتاج السلع لإشباع حاجات الأفراد والمجتمع، وذلك باستخدام الموارد الاقتصادية المتاحة مثل المكائن والمعدات والمباني والأيدي العاملة والمواد الخام الخ. والمنشآت الصناعية هي تشكيلات قانونية وإدارية تتمتع بحدود معينة من الاستقلال المالي والاداري وتقوم بإنتاج السلع. وتتخذ هذه المنشآت أشكالاً مختلفة مثل المنشآت الفردية والشركات بمختلف أنواعها (الخاصة والعامة) أو الهيئات الحكومية أو الجمعيات التعاونية.

وحيث أن الموارد الاقتصادية المتاحة بطبيعتها نادرة نسبياً، بالمقارنة مع حاجات المجتمع إلى هذه الموارد لإنتاج كل ما يحتاجه من السلع والخدمات، فلهذا تصبح المهمة الرئيسية لهذه المنشآت هي إنتاج أكبر كمية من السلع بأقل قدر من الموارد الاقتصادية بهدف اشباع أقصى قدر من حاجات المجتمع.

ومن هنا تأتي أهمية موضوع تقييم الأداء في المنشآت الصناعية. ويقصد بتقييم الأداء بالمعنى العام التعرف على العلاقات الاقتصادية التي تربط بين الموارد الاقتصادية (المادية والبشرية والمالية) المتاحة وكيفية استخدامها في الوحدة الإنتاجية. ولتغطية الموضوع من مختلف الجوانب سوف يغطي الفصل الموضوعات الرئيسية الآتية:

1.8 مفهوم تقييم الأداء.

2.8 مؤشرات تقييم الأداء.

3.8 مقارنة المؤشرات ومحدوديتها.

4.8 العلاقة بين أداء المنشآت الصناعية والسياسية الاقتصادية والصناعية.

5.8 البيانات المطلوبة لتقييم الأداء وطرق احتسابها.

1.8 مفهوم تقييم الأداء:

إن الأداء (Performance) هو الهدف النهائي للمنشأة ويمثل مستوى النجاح في تحقيق الأهداف. فالأداء الجيد يمثل النتيجة النهائية للإنجاز الكفؤ[1].

وتعني عملية تقييم الأداء بالنسبة للمنشأة دراسة وتقييم نشاط المنشأة الصناعية لقياس النتائج المتحققه ومقارنتها بالأهداف المرسومة مسبقاً للوقوف على واقع أداء المنشأة والانحرافات التي قد تحصل بهدف اتخاذ الخطوات اللازمة لمعالجتها. وعليه فإن العملية تستخدم للحكم على كفاءة أداء المنشأة في استغلال الموارد الاقتصادية وفي تحقيق الأهداف التي أقيمت من أجلها المنشأة.

وتمثل عملية تقييم الأداء الصناعي حلقة من حلقات التخطيط الصناعي المتكاملة، والتي تبدأ بمرحلة دراسة الجدوى الفنية والاقتصادية للمشروع ثم تنتهي بإقامة المشروع،وأن عملية تقييم الأداء تمكن من مقارنة المتحقق من الأهداف المتضمنة أساساً في دراسة الجدوى. ولهذا فإن عملية تقييم الأداء هي جزء من عملية شاملة للتخطيط الصناعي.

ولكي تتحقق عملية تقييم الأداء بالشكل الصحيح لابد من توفير المعلومات والبيانات التي تعتمد عليها عملية التقييم. كما ويتعين أن يكون تقييم الأداء شاملاً لكل نشاطات المنشأة المراد تقييم أدائها إذ لا يكفي أن يركز الأداء على نشاط معين دون بقية النشاطات.

وأن عملية تقييم الأداء تخدم المنشأة الصناعية في تمكينها من القيام بعدد من الوظائف الأساسية والمهمة أبرزها ما يأتي:

1. متابعة تنفيذ الأهداف للوحدة الانتاجية.
2. ممارسة الوظيفة الرقابية على نشاطات المنشأة المختلفة.
3. تقييم النتائج وتحديد المراكز الادارية المسؤولة عن الانحراف إن وجد.
4. ايجاد الحلول للمشاكل القائمة.

أن من مستلزمات تحقيق الأهداف في عملية تقييم الأداء هي أن تستند هذه العملية إلى عدد من الأسس والتي أهمها: (2)

1. تحديد الأهداف الرئيسية والفرعية لكل وحدة انتاجية.
2. تحديد مراكز المسؤولية، إذ أن تداخل المسؤوليات من شأنه أن يحد من سلامة تقييم الأداء ويصعّب من مهمة تحديد المسؤوليات وتصحيح الانحرافات.
3. تحديد معايير واضحة ومناسبة لتقييم الأداء.
4. توفير نظام فعال للمعلومات.
5. تحديد الجهة المسؤولة عن تقييم الأداء حتى يتم تأمين البيانات اللازمة لهذه الجهة بالوقت المناسب.

وتجدر الإشارة إلى أن مفهوم تقييم الأداء لا يختلف بغض النظر عن مستوى التطور الاقتصادي والاجتماعي واختلاف الأنظمة السياسية، إلا أن مجالات الاختلاف هي في وسائل القياس والتقييم المتبعة والمرتبطة بالأهداف الاقتصادية والاجتماعية والسياسية.

ومعلوم أن نجاح الأداء يتطلب توفر عدد من الشروط مثل توفر جميع مستلزمات العمل وكذلك الحوافز واعتماد نظام لتحديد الأسعار على وفق أسس علمية وتوازن بين العرض والطلب، وأخيراً وجود أساليب كفيلة بمعالجة الانحرافات.

وتمر عملية التقييم بثلاثة مراحل هي:

1. مرحلة جمع البيانات اللازمة لعملية التقييم مثل القيمة المضافة ومستلزمات الانتاج والأجور وعدد العاملين....... الخ.
2. مرحلة التحليل الفني والمالي، وفيها تتم دراسة الجوانب الفنية للمنشأة والتحقق من كفاءة التنفيذ.
3. مرحلة الحكم على نتائج التحليل لمعرفة مدى تحقق هدف المنشأة من عدمه.

2.8 مؤشرات تقييم الأداء

يعتمد نجاح مهمة تقييم الأداء الصناعي على دقة وملائمة المؤشرات والمعايير وعلى قابليتها على القياس والاحتساب لتؤدي الغرض المطلوب. وهناك عدد كبير من المؤشرات العامة والتحليلية التي يمكن الاستعانة بها في تقييم الأداء في المنشآت الانتاجية. وبالرغم من أن كل مؤشر فيها يعبر عن جانب معين من الأداء، إلا أنه من مجمل هذه المؤشرات يمكن الاستدلال على مستوى أداء المنشأة.

والمطلوب هو انتقاء المؤشرات الرئيسية والمناسبة للمنشأة المراد تقييمها، ولغرض الوقوف على مستوى كفاءة الأداء للمنشأة الصناعية والتطور الحاصل فيها عبر الزمن، وكذلك المقارنة بين مستوى أداء المنشأة المعنية مع أداء المنشآت الأخرى المماثلة يتعين اتباع الوسائل الآتية :

1. مقارنة أداء المنشأة مع معايير قياسية تمثل مستوى محدد للكفاءة بحيث أن انحراف المؤشرات الفعلية عن هذه المعايير يمثل ظاهرة سلبية.
2. مقارنة أداء المنشأة المعنية في سنة معينة مع أدائها في سنوات أخرى، وهنا لابد أن تؤخذ التغيرات في الأسعار بنظر الاعتبار لكي تكون عملية المقارنة صحيحة.

3. مقارنة أداء المنشأة مع منشأة مماثلة لنفس الفترة الزمنية.

ويجب الإشارة إلى أن نجاح مهمة التقييم تكمن في اختيار المؤشرات المناسبة وترتيبها حسب أهميتها، فقد يركز البعض على معايير الكفاءة الاقتصادية للمنشأة فيما يركز آخرون على المعايير المالية. وفي واقع الأمر لا يمكن فصل الوضع الاقتصادي للمنشأة عن الوضع المالي لها.

ويمكن تقسيم مؤشرات الأداء إلى خمسة مجموعات رئيسية: (3)

1. مؤشرات الانتاج: وتشمل مؤشرات تحقيق الخطط الانتاجية وتطور الانتاج واستغلال الطاقة الانتاجية والقيمة المضافة.
2. مؤشرات الانتاجية: وتشمل انتاجية العمل وإنتاجية رأس المال، وإنتاجية الأجر وإنتاجية المواد الخام.
3. المؤشرات المالية: وتشمل مؤشرات الربحية وعائد الاستثمار، إضافة إلى مؤشرات تتعلق بالوضع المالي منها النسبة الجارية (بين الأصول والخصوم) ومعدل دوران الأصول ونسبة الديون الى صافي الملكية الخ.
4. مؤشرات البيع: وتشمل مؤشرات تحقق وتطور المبيعات والصادرات وكفاءة الإدارة.
5. مؤشرات أخرى مختلفة مثل درجة التصنيع ومستوى التكنولوجيا ودرجة الاعتماد على الخارج في توفير مستلزمات الانتاج.... الخ.

وفي أدناه شرح لكل من المؤشرات المذكورة أعلاه.

أولاً: مؤشرات الانتاج: وتختص مؤشرات الانتاج بالجوانب المتعلقة بالانتاج حيث تركز على مدى النجاح المحرز في تحقيق الخطط الانتاجية ومستوى التطور الحاصل في الانتاج عبر السنوات المختلفة وكذلك مستوى استغلال الطاقات الانتاجية القائمة ثم القيمة المضافة المتحققة من قبل المنشأة الصناعية وأهم هذه المؤشرات هي:

1. نسبة تحقيق الخطة الانتاجية

$$= \frac{\text{قيمة الانتاج المتحقق بالأسعار المخططة}}{\text{قيمة الانتاج المخطط}} \times 100$$

يستخدم هذا المؤشر للدلالة على درجة تحقيق الأهداف المخططة للانتاج، فكلما ارتفعت هذه النسبة كلما دل ذلك على ارتفاع مستوى تحقق الخطط الانتاجية لدى المنشأة والعكس صحيح.

2. نسبة تطور الانتاج $= \frac{\text{قيمة الانتاج المتحقق للسنة الحالية}}{\text{قيمة الانتاج المتحقق للسنة السابقة}} \times 100$

ويستخدم هذا المؤشر للدلالة على درجة تطور الانتاج في السنة المعنية بالمقارنة مع السنة السابقه. وكلما ارتفعت هذه النسبة كلما دل ذلك على حدوث تطور وزيادة في قيمة الانتاج.

3. نسبة استغلال الطاقة الانتاجية:

يقصد بالطاقة الانتاجية القدرة المتوفرة لدى المنشأة الصناعية على الانتاج. وتتعدد المفاهيم المتعلقة بالطاقة الانتاجية كما مر بنا في الفصل الرابع إلا أن النوعين الأكثر شيوعاً في الاستخدام في مجال استغلال الطاقات الانتاجية هما الطاقة التصميمية والطاقة المتاحة. إن الطاقة المتاحة تقل عن الطاقة التصميمية بسبب الاختلافات التي تحصل في الخطوط الانتاجية وبسبب التوقفات الناجمة عن تأخير وصول المواد الخام أو عن تصليح المكائن والمعدات... الخ.

ومن المؤشرات الدالة على مستوى استغلال الطاقات الانتاجية:

نسبة استغلال الطاقة المتاحة = $\frac{\text{قيمة الانتاج المتحقق بالأسعار المخططة}}{\text{قيمة الطاقة الانتاجية المتاحة بالأسعار المخططة}} \times 100$

ويستخدم هذا المؤشر للدلالة على مستوى استغلال الطاقة الانتاجية المتاحة خلال الفترة المعنية.

نسبة استغلال الطاقة التصميمية = $\frac{\text{قيمة الانتاج المتحقق بالأسعار المخططة}}{\text{قيمة الطاقة الانتاجية التصميمية بالأسعار المخططة}} \times 100$

ويستخدم هذا المؤشر للدلالة على مدى استغلال الطاقة التصميمية خلال الفترة المعنية، وكلما ارتفعت النسبة كلما دل ذلك على ارتفاع مستوى الاستغلال للطاقة الانتاجية وبالتالي ارتفاع كفاءة الأداء لدى المنشأة. ويمكن أيضاً قياس ما يسمى بنسبة التشغيل للطاقة الانتاجية والتي تقاس بقسمة قيمة الطاقة المتاحة على الطاقة التصميمية للفترة المعنية. ويعتبر مؤشر الطاقة الانتاجية من المؤشرات المهمة في تقييم الأداء لأنه يعكس ما يتوفر للوحدة الانتاجية من قدرة انتاجيه على النجاح في استغلال هذه القدرة من قبل المنشأة الصناعية.

ومن المفيد توضيح مفهوم الأسعار المخططة حيث أن المنشأة تستهدف بيع منتجاتها بسعر معين يكون غالباً محدداً إدارياً, وطالما أنه سعر مستقبلي فيسمى سعر مخطط حيث يستخدم هنا كوحدة حسابية للانتاج المخطط للمنشأة. وعند تقييم انتاج المنشأة يتم ضرب الكميات المنتجة بالأسعار المخططة هذه، وأن الأسعار

تحدد في نهاية سنة سابقة. فمثلاً في عام 1993 يتم تقييم انتاج ذلك العام بأسعار عام 1992[4].

مؤشر القيمة المضافة

حيث أن القيمة الإجمالية للإنتاج تتضمن قيمة المواد الأولية المستخدمة في الانتاج (والتي قد تكون منتجة محلياً أي أنها تمثل نشاطاً اقتصادياً وطنياً، أو قد تكون مستوردة من الخارج ولا تمت بصلة إلى النشاط الاقتصادي الوطني) وعليه فإن تضمينها مع قيمة الانتاج لا يعكس الصورة الحقيقية للنشاط الصناعي ولذلك يفضل البعض قياس الانتاج الصافي (أي القيمة المضافة) والتي يتم التوصل اليها بعد استبعاد مستلزمات الانتاج من القيمة الاجمالية للانتاج, وتمثل القيمة المضافة الزيادة الصافية في الدخل أو الزيادة في الناتج القومي (الدخل) الذي تضيفه الوحدة الانتاجية كما تمثل القيمة المضافة أيضاً مجموع عوائد عوامل الانتاج كالأجور والأرباح والفوائد والريع (الايجار). وتتأتى أهمية هذا المؤشر أيضاً من أنه يمثل المردود الاقتصادي للنشاط الصناعي كما أنه يستبعد أي اسراف محتمل أو هدر في استخدام المواد الخام في عملية الانتاج.

ويمكن قياس المقدار المطلق للقيمة المضافة أو نسبة تطورها خلال فترة زمنية وكما يأتي:

$$\text{نسبة تحقيق القيمة المضافة (الاجمالية)} = \frac{\text{القيمة المضافة الاجمالية المتحققة}}{\text{القيمة المضافة الاجمالية المخططة}} \times 100$$

ويستخدم هذا المؤشر للدلالة على درجة تحقيق القيمة المضافة المخططة، فكلما ارتفعت النسبة كلما دل ذلك على ارتفاع نسبة تحقيق القيمة المضافة المخططة.

نسبة تطور القيمة المضافة(الاجمالية) = القيمة المضافة الاجمالية المتحققة للسنة الحالية / القيمة المضافة الاجمالية المتحققة للسنة السابقة × 100

ويستخدم هذا المؤشر للدلالة على نسبة الزيادة المتحققة في القيمة المضافة في السنة الحالية بالمقارنة مع السنة السابقة.

ثانياً: مؤشرات الانتاجية

رغم أهمية مؤشر القيمة المضافة في عملية تقييم الأداء إلا أنه يعكس فقط القيمة المطلقة للناتج الصافي ولا يبين مقدار العمل المبذول أو مقدار رأس المال المستخدم في تحقيق القيمة المضافة، وبالتالي فإن هذا المؤشر لا يعكس مدى كفاءة المنشأة في استغلال الموارد الاقتصادية.

أما مؤشر الانتاجية فإنه يعكس مدى كفاءة المنشأة في استغلال الموارد الاقتصادية لأنه يمثل العلاقة بين الانتاج وبين كمية الموارد المستخدمة في العملية الانتاجية. ومن هنا تتأتى أهمية الانتاجية بالنسبة لمختلف الأنظمة الاجتماعية السائدة في العالم لأن زيادة الانتاجية تؤدي إلى زيادة الدخل القومي وتحقق مكسباً للمنتج والمستهلك والاقتصاد الوطني بشكل عام.

وكما مرّبنا في فصل سابق، هناك مقاييس مختلفة للإنتاجية منها مقاييس كلية (تقيس العلاقة بين الانتاج وبين عوامل الانتاج مجتمعة) ومنها مقاييس جزئية (تقيس العلاقة بين الانتاج وبين كل واحد من عوامل الانتاج منفردة) مثل انتاجية العمل أو انتاجية رأس المال.. الخ ومن أهم مقاييس الانتاجية الجزئية ما يأتي:

1. انتاجية العمل = القيمة المضافة / عدد العاملين في المنشأة أو القيمة المضافة / عدد ساعات العمل المبذولة

ويمثل هذا المقياس متوسط انتاجية العمل أو مقدار القيمة المضافة للشخص الواحد، في المنشأة خلال سنة معينة، ويمكن استخدام عدد ساعات العمل المبذولة، أو قيمة الأجور المدفوعة لقياس مؤشر العمل، كما يمكن استخدام قيمة الانتاج الاجمالية بدلاً من القيمة المضافة.

ويمكن مقارنة مؤشر الانتاجية هذا بمؤشر الانتاجية للسنة السابقة (على أن تكون القيمة المضافة بالأسعار الثابتة أو المخططة). وكلما ارتفع هذا المعدل كلما دل ذلك على ارتفاع مستوى انتاجية العمل. ويفضل هنا استخدام القيمة المضافة الصافية وليس الاجمالية، أي باستبعاد الاهتلاك من القيمة المضافة الاجمالية.

ويمكن قياس الانتاجية باستخدام كميات الانتاج، أي يقاس الانتاج بالوحدات المادية الفيزيائية، والتي تعتبر أفضل من الوحدات القيمية، لكنها أصعب في التطبيق من استخدام قيم الانتاج أو القيمة المضافة، ولاسيما عندما تكون المنتجات متعددة ومختلفة في وحدات القياس، وكما يأتي:

$$\textbf{انتاجية العمل} = \frac{\text{كمية الانتاج (بالوحدات)}}{\text{عدد ساعات العمل المبذولة}}$$

ويمكن قياس انتاجية العمل على مستوى المنشأة أو على مستوى الخط الانتاجي.

2. انتاجية رأس المال الثابت

وإلى جانب انتاجية العمل فهناك مؤشر آخر ومهم للانتاجية وهو انتاجية رأس المال الثابت. وهنا يفضل استخدام المكائن والمعدات فقط بدلاً من اجمالي رأس المال الثابت (الذي يضم أيضاً المباني والانشاءات) وذلك لأهمية المكائن والمعدات في العملية الانتاجية وارتباطها بمستوى التكنولوجيا المستخدمة في الانتاج، وكما يأتي:

$$\text{انتاجية رأس المال الثابت (المكائن والمعدات)} = \frac{\text{قيمة الانتاج (أو القيمة المضافة)}}{\text{قيمة المكائن والمعدات}}$$

ويستخدم هذا المؤشر للدلالة على قيمة الانتاج لكل دينار مصروف على المكائن والمعدات. ويمكن استخدام القيمة المضافة بدلاً من قيمة الانتاج وعندها يعكس المؤشر مقدار الدخل المتولد من كل دينار مصروف على المكائن والمعدات.

وتكون المؤشرات أما بالأسعار الجارية أو بالأسعار الثابتة، ويفضل الخيار الثاني لأنه يستبعد أثر التغير في الأسعار، ونحصل على القيم الحقيقية للمتغيرات، وخصوصاً عندما تتم المقارنة بمستويات الانتاجية عبر الزمن. ويمكن استخدام معيار انتاجية رأس المال المستثمر والذي يمثل الأصول الثابتة زائداً رأس المال التشغيلي وكما يأتي:

$$\text{انتاجية رأس المال المستثمر} = \frac{\text{قيمة الانتاج (أو القيمة المضافة)}}{\text{رأس المال المستثمر}}$$

يبين المؤشر مقدار الانتاج للدينار في رأس المال المستثمر خلال سنة معينة.

3. انتاجية الأجر

يقيس هذا المؤشر انتاجية الدينار المصروف على الأجور، أي مقدار الانتاج المتحقق للدينار المصروف على الأجور وكما يأتي:

$$\text{انتاجية الأجر} = \frac{\text{القيمة المضافة (أو قيمة الانتاج)}}{\text{مجموع الأجور والرواتب}}$$

وكلما ارتفعت النسبة كلما دل ذلك على ارتفاع انتاجية الأجور، أي مساهمة الأجور في الانتاج أو القيمة المضافة. ويمكن أن يكون كل من الانتاج والأجور بالأسعار الثابتة أو بالأسعار الجارية.

4. انتاجية المواد:

$$\text{انتاجية المواد} = \frac{\text{قيمة الانتاج (بالأسعار الجارية)}}{\text{قيمة الخامات (بالأسعار الجارية)}}$$

ويستخدم هذا المؤشر للدلالة على كفاءة استخدام الخامات الرئيسية خلال سنة معينة. وعند الحاجه إلى مقارنة التطور الحاصل في الإنتاجية خلال الزمن يفضل احتساب المؤشرات بالأسعار الثابتة (الأسعار المخططة للسنة الحالية).

وتجدر الإشارة إلى أن هناك العديد من المشكلات المتعلقة باختيار وقياس عوامل الانتاج (العمل ورأس المال) وكذلك الانتاج. وعلى سبيل المثال عند استخدام اجمالي عدد العاملين لقياس كمية العمل، فإن ذلك لن يكون دقيقاً وصحيحاً في بعض الأحوال، فإذا كان لمنشأتين نفس العدد من العاملين ونفس كمية الانتاج ولكن في أحد المنشأتين يعمل العمال 35 ساعة في الأسبوع بينما في الأخرى يعمل 45 ساعة في الأسبوع فإن انتاجية العمل ليست متساوية في المنشأتين. وفي هذه الحالة فإن اجمالي ساعات العمل المبذولة وليس عدد العاملين سوف يكون أكثر ملائمة لقياس كمية العمل.

وهناك مشكلات مشابهة بالنسبة إلى قياس انتاجية رأس المال, وقياس قيمة رأس المال بشكل عام. فهل نستخدم تكلفة الاستبدال لخزين رأس المال أم تكلفتها الأصلية (التاريخية)؟ وماذا يحصل لو توفرت مكائن أكثر متطورة. إلى جانب ذلك

هناك مشكلة الاختلاف في نوعية كل من العمل ورأس المال، حيث أن وحدات العمل ووحدات رأس المال ليست متجانسة[5].

وأخيراً لابد من الإشارة إلى أن مستوى الانتاجية يتأثر بعوامل عديدة منها مستوى ونوعية مهارة العاملين وحجم ونوعية الاستثمار وظروف العمل ومستوى التكنولوجيا والروح المعنوية للعاملين واندفاعهم للعمل ومستوى الحوافز والأجور المدفوعة لهم, ونوعية الادارة... الخ.

ثالثاً: المؤشرات المالية:

إن الغرض الأساسي من استخدام المؤشرات المالية هو لتقييم أداء الشركة الصناعية تقييماً موضوعياً لجوانب عديدة من جوانب نشاطها مثل قوتها وقابليتها على تحقيق الأرباح والعوائد على استثماراتها،وكذلك قابليتها على مواجهة التزاماتها بشكل فعال، والوقوف على القيمة الحقيقية لأصولها المختلفة وحجم الديون المترتبة عليها وقابليتها على جمع موارد جديدة ومواجهة المشكلات الداخلية والخارجية. ويتم كل ذلك من خلال العديد من المؤشرات المالية. وتشتق هذه المؤشرات من الموازنة العامة للشركة وحسابات الأرباح والخسائر. وتجدر الإشارة إلى أن العديد من هذه المؤشرات لا قيمة لها بنفسها بل يتعين مقارنتها مع قيم قياسية التي تشكل جزءاً من أهداف الشركة. وأن انحراف القيم الفعلية عن القيم القياسية يلقي ضوءاً على مستوى أداء المنشأة الانتاجية.

وتصنف المؤشرات المالية إلى عدة أصناف أهمها: الربحية، والسيولة ومؤشرات النشاط والمؤشرات الهيكلية ثم مؤشرات أخرى. وفيما يلي شرح موجز لكل من المؤشرات المالية المذكورة أعلاه[6].

1. الربحية: هناك معايير متعددة ومختلفة للربحية أهمها:

أ. نسبة تحقق اجمالي الأرباح المخططة = $\frac{\text{اجمالي الربح المتحقق}}{\text{اجمالي الربح المخطط}} \times 100$

ويستخدم هذا المؤشر للدلالة على درجة تحقيق الهدف المخطط للأرباح الاجمالية (أو الصافية) وكلما ترتفع النسبة كلما يدل ذلك على تحقيق مستوى أعلى للأرباح المخططة.

ب. نسبة تطور اجمالي الأرباح = $\frac{\text{اجمالي الأرباح المتحققة للسنة الحالية}}{\text{اجمالي الأرباح المتحققة للسنة السابقة}} \times 100$

ويقيس هذا المؤشر نسبة الزيادة الحاصلة في حجم الأرباح في سنة معينة بالمقارنة مع السنه السابقة.

ج. معدل عائد رأس المال = $\frac{\text{الأرباح الاجمالية (أو الصافية)}}{\text{رأس المال المستثمر}} \times 100$

ويعكس هذا المؤشر معدل العائد أو المردود الذي يحصل عليه المستثمر. أو الأرباح المتحققة لكل وحدة نقد من رأس المال المستثمر. وتعكس هذه النسبة الربحية طويلة الأمد. ويمكن للأرباح أن تكون اجمالية أو صافية (باستبعاد الفوائد والضريبة منها) أما رأس المال المستثمر فيعكس اجمالي الأصول الصافية أي صافي الأصول الثابتة زائداً الأصول الجارية.

د. معدل العائد على صافي الثروة = $\frac{\text{الأرباح الاجمالية (أو الصافية)}}{\text{صافي ثروة المالكين}} \times 100$

ويمثل هذا المؤشر بديلاً لمعدل العائد على رأس المال وهو أيضاً مؤشر للربحية طويلة الأمد ويبين عائد استثمارات المالكين للشركة. إن البسط يمكن أن يكون الأرباح الاجمالية أو الأرباح الصافية، رغم أن الأخير يعتبر أفضل من وجهة نظر المستثمر. وصافي الثروة (Networth) يمثل القيمة المالية للمشروع التجاري من وجهة نظر المالكين ويمثل حاصل طرح الخصوم الجارية من الأصول.

ويمكن استخدام صيغة أخرى معدلة للربحية، حيث يمكن استخدام صافي الأصول الثابتة (كمقام للنسبة) بدلاً من صافي الأصول أو صافي ثروة المالكين، وهذه أيضاً تمثل معياراً للربحية طويلة الأمد. أما إذا استخدمنا اجمالي قيمة الانتاج كمقام للنسبة فيصبح المؤشر مؤشراً للربحية قصيرة الأمد باعتبار إن قيمة الانتاج تمثل عوائد سنوية.

وهناك مؤشرات أخرى للربحية قصيرة الأمد منها:

هـ هامش الربح الصافي (Net Profit Margin)

ويتمثل بالمؤشر الآتي:

هامش الربح الصافي = $\frac{\text{صافي الربح}}{\text{صافي المبيعات}}$

ويمكن استخدام هامش الربح الاجمالي وذلك بقسمة اجمالي الربح على صافي المبيعات. وكلما ارتفعت النسبة أعلاه كلما كان ذلك دليلاً على ارتفاع كفاءة المنشأة.

و. هامش التشغيل (Operating Margin)

= صافي المبيعات

اجمالي تكاليف التشغيل

وإذا كانت النسبة هنا أكبر من واحد صحيح فإنها تعكس مستوى موجباً من الربحية وبعكسه تكون الأرباح سالبة.

إن المؤشرين أعلاه يمثلان مؤشرين للربحية قصيرة الأمد وكلاهما يعكس كفاءة العمل لدى المنشأة، وحيث أن هدف تعظيم الأرباح يفترضه الاقتصاديون بأنه يشكل أهم هدف للمنشأة فإن الربح يصبح أهم مقياس لنجاح المنشأة، مع التحفظات التي ترد على هذه المقولة في ضوء حالات السوق المختلفة من حيث درجة المنافسة.

2. السيولة (Liquidity)

ويعكس مؤشر السيولة قدرة الوحدة الانتاجية على مواجهة التزاماتها الجارية ومقدار السيولة الممكن التصرف بها لمواجهة هذه الالتزامات. وتقاس درجة السيولة من خلال مؤشرين هما النسبة الجارية ونسبة الأصول السريعة:

أ. النسبة الجارية (Current Ratio) = الأصول الجارية

الخصوم الجارية

ويعكس هذا المؤشر نسبة الأصول الجارية (Current Assets) إلى الخصوم الجارية (Current Liabilities) وتشمل الأصول الجارية الخزين والأوراق المالية والمدينون والنقد في اليد وفي المصارف وكل هذه الأصول هي سائلة بمعنى يمكن تحويلها إلى نقد لمواجهة الديون الجارية.

وكلما ارتفعت النسبة أعلاه كان ذلك أفضل من وجهة نظر الدائنين، ولكن من وجهة نظر الإدارة قد لا يكون ذلك حكيماً لتجميع أصول سائلة أكثر من الحاجة وخاصة النقود وكذلك الخزين الزائد لأن المنشأة تفقد فرصاً للربح من جراء الأصول السائلة هذه ولهذا فهناك مقايضة (trade off) بين السيولة والربحية بعد حد معين.

وتعتبر النسبة الجارية التي هي بحدود 2: 1 بشكل عام مقبولة، أي أن الأصول الجارية تمثل ضعف الخصوم الجارية، ولكن الأمر يعتمد على نوعية الأصول الجارية وأن النسبة المرتفعة ليست بحد ذاتها ضمانة كافية للقوة والرصانة للمنشأة. ويشار إلى أن الفرق بين الأصول الجارية والخصوم الجارية يسمى صافي الأصول الجارية أو رأس المال التشغيلي، حيث أن الفائض المتبقي بعد مواجهة كل المتطلبات من الخصوم الجارية يمكن استخدامه كرأسمال التشغيل.

وهناك نسبة أخرى تعتبر مؤشراً أقوى بكثير من المؤشر الأول على السيولة لدى المنشأة وهذه هي نسبة الأصول السريعة (Quick Assets Ratio) أو ما يسمى أيضاً (Acid Test) أو الاختبار الحامضي. ذلك لأن مثل هذا المؤشر يتجاوز بعض العيوب التي تعاني منها النسبة الجارية أعلاه لأنها تركز على الأصول السائلة والتي تعتبر قيمتها مؤكدة. ذلك لأن نسبة الأصول السريعة تستبعد الخزين من الأصول الجارية (في البسط) وينسب ذلك إلى الخصوم الجارية وهذا ما يعطي لنا ما يسمى الاختبار الحامضي. ويقاس هذا المؤشر كما يأتي:

$$\text{ب- نسبة الأصول السريعة} = \frac{\text{الأصول الجارية} - \text{الخزين}}{\text{الخصوم الجارية}}$$

وهكذا فإن هذا المعيار يعطي صورة أوضح عن وضع السيولة لدى الشركة وأن فكرة هذه النسبة بسيطة وهي أنه في حالة توقف الشركة في هذا اليوم ما هي الامكانية لدى الشركة لمواجهة التزاماتها الجارية من خلال ما هو متوفر لديها من أموال تحت اليد. ذلك لأن التصرف بالخزين وتحويله إلى نقد قد يستغرق وقتاً لهذا السبب يُستبعَد الخزين من النسبة أعلاه. وهنا يصعب تحديد القيمة المقبولة للنسبة أعلاه ولكنه بشكل عام يعتبر أن الواحد صحيح هو قيمة مقبولة وأن أي قيمة أقل من ذلك تشكل تحذيراً للشركة.

وهكذا فإن نسب السيولة هي أدوات مفيدة لأغراض تخطيط الائتمان والرقابة، فبالإضافة إلى اهتمام مدراء الشركة بهذه النسب فإن الدائنين والحكومة هما أيضاً يهتمان بهذه النسبة لتقييم حاجات الشركة للائتمان.

3. مؤشرات النشاط (Activity Ratios)

وتقيس هذه المؤشرات كفاءة المنشاة على إدارة الأصول، أي قدرة الإدارة على توليد المبيعات استناداً إلى ما لديها من أصول. إن المؤشرات في هذه المجموعة تقارن المبيعات أو تكلفة السلع المباعة مع بعض الأصول (بأنواعها المختلفة) مثل مجموع صافي الأصول أي (Total Net Assets) ومجموع صافي الأصول الثابتة أو الأصول الجارية أو الخزين بالتتابع. وتسمى هذه المؤشرات أيضاً بمعدلات الدوران حيث أنها تعكس معدل دوران الأصل المعني. وتكشف المقارنة بين نسب النشاط للمنشأة المعينة مع مثيلتها في الصناعات الأخرى عما إذا كان الاستثمار في الأصول أقل أو أكثر من اللازم. فالاستثمار الزائد عن الحاجة يمثل موارد مالية معطلة، وقد تتكبد المنشأة بسببه بعض التكاليف. كذلك فإن عدم كفاية الاستثمار في الأصول من شأنه إن يضيع على المنشأة فرص تحقيق مبيعات إضافية. ومن المؤشرات الشائعة في هذا المجال هي:

أ. معدل دوران الأصول (Assets Turnover Ratio)

ويتم حساب هذا المؤشر بقسمة صافي المبيعات على صافي الأصول للشركة وكما يأتي:

$$\text{معدل دوران الأصول} = \frac{\text{صافي المبيعات}}{\text{صافي الأصول}}$$

ويسمى هذا المؤشر أيضاً بمعدل دوران رأس المال أي عدد المرات التي يستطيع الدينار المستثمر في رأس المال من توليد عوائد مبيعات. وكلما ارتفع هذا المؤشر كلما عكس ذلك الوضع الجيد للأصول المادية.

ب. معدل دوران صافي رأس المال الثابت

(Net Fixed Capital Turnover Ratio)

ونحصل عليه من المعادلة الآتية:

$$\text{معدل دوران رأس المال الثابت} = \frac{\text{صافي المبيعات}}{\text{صافي رأس المال الثابت}}$$

ويمثل هذا المؤشر حاصل قسمة صافي المبيعات على صافي رأس المال الثابت ويعكس كفاءة رأس المال الثابت في العملية الانتاجية. فكلما ارتفع المعدل كلما دل على ارتفاع كفاءة استغلال رأس المال الثابت.

جـ- معدل دوران التشغيل (Working Capital Turnover Ratio)

ونحصل عليه من المعادلة الآتية:

$$\text{معدل دوران رأسمال التشغيل} = \frac{\text{صافي المبيعات}}{\text{رأسمال التشغيل}}$$

ويمثل النسبة بين صافي المبيعات ورأسمال التشغيل وأن ارتفاع المعدل يشير إلى كفاءة استغلال رأس المال التشغيلي.

د- معدل دوران الخزين (Inventory- Turnover Ratio)

وهناك عدد من النسب التي تستخدم لأغراض احتساب معدل دوران الخزين منها: معدل دوران الخزين- التكلفة) (Inventory-Cost Turnover Ratio) وكما في المعادلة الآتية:

معدل دوران الخزين – التكلفة = تكلفة السلع المباعة / معدل الخزين

إن تكلفة السلع المباعة تمثل الفرق بين اجمالي المبيعات وبين أرباح التشغيل، وأن معدل الخزين هو المتوسط الحسابي للخزين في بداية ونهاية الفترة.

4. المؤشرات الهيكلية (Structural Ratios)

وتبين هذه المؤشرات هيكل الخصوم والأصول في المنشأة، وتعكس العلاقة بين المصادر المختلفة للتمويل ونمط استخداماتها وأهم هذه المؤشرات هي:

أ- نسبة الدين إلى الأصول (Gearing Ratio)

وتبين هذه النسبة نسبة تمويل الديون إلى اجمالي الأصول في المنشأة، ويمكن التعبير عن هذه النسبة بأشكال مختلفة طبقاً إلى الكيفية التي يعرف بها الدين والأصول التي تكوّن النسبة المذكورة. فيمكن تعريف الدين بأنه مجموع الاقتراض الاجمالي (أي القروض القصيرة وطويلة الأمد) زائداً الديون الجارية، أما الأصول فهي مجموع صافي الأصول الثابتة والأصول الجارية. وليس هناك أية قاعدة سهلة

يمكن اللجوء إليها لتحديد ماذا يتضمن في القروض والأصول. ويمكن تعريف نسبة الدين إلى الأصول بالشكل التالي:

نسبة الديون إلى الأصول = اجمالي القروض (طويلة وقصيرة الأجل)

رأس المال المستثمر

ويتكون رأس المال المستثمر من اجمالي القروض زائداً الاحتياطيات زائداً رأس المال المدفوع. وتلعب هذه النسبة دوراً مهماً في اتخاذ القرار، حيث أن تكلفة رأس المال بالنسبة للشركة من الممكن أن تكون متصلة مع هذه النسبة. أن ارتفاع نسبة الديون إلى الأصول يعني أن الشركة لديها عبء ديون كبير والذي يقلل من هامش الأمان للمقرضين. كما أن عبء الفوائد يزداد مع زيادة هذه النسبة مما ينعكس سلباً على العوائد الصافية للشركة وبالتالي على الأرباح الموزعة على مالكي الأسهم. وكل ذلك ينعكس على قيمة السهم لهذه الشركة في السوق.

ب- نسبة الدين إلى حقوق المالكين (The Debt- Equity Ratio)

إن هذه النسبة عبارة عن شكل مبسط من النسبة المذكورة أعلاه ولها نفس الغرض، وتتكون هذه النسبة من حاصل قسمة الدين إلى حقوق المالكين (أي رأس المال المدفوع والاحتياطيات) وكما يلي:

نسبة الدين إلى حقوق المالكين = اجمالي القروض

حقوق المالكين

(أي رأس المال المدفوع زائداً الاحتياطيات)

وتعتبر هذه النسبة أداة مهمة لتقييم السمعة الائتمانية للشركة.

جـ- نسبة صافي الثروة (Net Worth Ratio)

إن هذه النسبة تمثل حاصل قسمة صافي الثروة على مجموع صافي الأصول. وكلما كانت هذه النسبة مرتفعة كلما كان ذلك في صالح الشركة حيث أن مطالبات الدائنين على أصول الشركة تكون قليلة.

د- نسبة صافي ثروة المالكين إلى الأصول الثابتة (Net Worth to Fixed Assets)

إن هذه النسبة تبين مدى مساهمة رأس المال المملوك في تمويل تكوين رأس المال الثابت، وتكون المنشأة في وضع أفضل كلما ارتفعت هذه النسبة، وإذا ما وصلت النسبة إلى أكبر من واحد (والذي يعني أن جزءاً من ثروة المالكين يتم استخدامه للأصول الجارية) فإن ذلك سوف يوفر ضمانة أكبر للدائنين.

$$\text{نسبة صافي الثروة إلى الأصول الثابتة} = \frac{\text{صافي ثروة المالكين}}{\text{الأصول الثابتة}}$$

هـ- نسبة التوزيع الداخلي (The Internal Allocation Ratio)

وتبين هذه النسبة حصة صافي الأصول الثابتة في مجموع صافي الأصول وتعكس هذه النسبة التركيب العضوي لرأس المال ويعطي هذا المؤشر فكرة حول كيفية استغلال رأس المال.

$$\text{نسبة التوزيع الداخلي} = \frac{\text{صافي الأصول الثابتة}}{\text{مجموع صافي الأصول}}$$

إن النسبة المرتفعة في هذه الحالة قد لا تكون بالضرورة مفيدة أو مرغوبة لأنه في هذه الحالة فإن المنشأة قد تكون تعاني من شح في تمويل رأس المال

التشغيلي. وأن الحجم الأمثل لهذه النسبة يعتمد على طبيعة المنشأة وطبيعة التكنولوجيا وكفاءة رأس المال.

رابعاً: مؤشرات المبيعات وكفاءة الإدارة

هناك عدد من المؤشرات التي تعكس مستوى تطور المبيعات ومستوى كفاءة الإدارة في توسيع عمليات البيع ومن أهمها:

1. **نسبة تحقيق خطة المبيعات** = $\frac{\text{قيمة المبيعات المتحققة بالأسعار المخططة}}{\text{قيمة المبيعات المخططة}} \times 100$

ويستخدم هذا المؤشر للدلالة على مستوى تنفيذ خطة المبيعات وكلما ترتفع هذه النسبة كلما تعكس قدرة المنشأة على تسويق الانتاج وتنفيذ الخطة المرسومة بهذا الخصوص.

2. **نسبة تطور المبيعات** = $\frac{\text{قيمة المبيعات للسنة الحالية}}{\text{قيمة المبيعات للسنة السابقة}} \times 100$

ويبين هذا المؤشر مدى تطور المبيعات خلال سنة معينة بالمقارنة مع السنة السابقة. وإذا أريد معرفة نصيب المنشأة من السوق المحلي الاجمالي في السلعة المعنية فنقسم صافي مبيعات المنشأة على المبيعات الكلية في السوق المحلي ويمكن كذلك احتساب نسبة تطور الصادرات.

3. معدل فترة التخزين للبضاعة الجاهزة

$$= \frac{\text{معدل قيمة خزين البضاعة الجاهزة (خلال فترة معينة)}}{\text{معدل قيمة المبيعات اليومية (خلال الفترة)}}$$

ويستخدم هذا المؤشر للدلالة على مدى تراكم المخزون من الانتاج التام ومدى وجود مشاكل تسويق في المنتجات.

4. معدل تكلفة البيع والتوزيع $= \frac{\text{تكلفة المبيعات والتوزيع}}{\text{صافي المبيعات}}$

ويمثل هذا المؤشر نصيب الوحدة المباعة من مصروفات البيع والتوزيع، وكلما انخفضت هذه النسبة كلما دل ذلك على ارتفاع مستوى كفاءة الإدارة في توزيع وبيع المنتجات بأقل مصاريف ممكنة.

5. كفاءة الإدارة $= \frac{\text{مصروفات الإدارة}}{\text{صافي المبيعات}}$

ويوضح هذا المؤشر نصيب الوحدة المباعة من المصروفات الإدارية، فكلما انخفض نصيب الوحدة كلما يشير ذلك إلى ارتفاع مستوى كفاءة الإدارة لأنها تحقق المبيعات بأقل قدر من المصاريف الادارية. وهناك مؤشر آخر يقيس نسبة عدد الاداريين إلى اجمالي العاملين، فكلما انخفضت هذه النسبة كلما دل ذلك على كفاءة الادارة.

خامساً: مؤشرات اقتصادية أخرى

1. درجة التصنيع = $\frac{\text{القيمة المضافة الاجمالية}}{\text{قيمة الانتاج (بتكلفة عوامل الانتاج)}} \times 100$

وكلما ارتفعت هذه النسبة كلما يشير ذلك إلى ارتفاع درجة التصنيع وتطور مستوى التكنولوجيا في العملية الانتاجية.

2. مستوى الكثافة الرأسمالية = $\frac{\text{قيمة المكائن والمعدات}}{\text{عدد العاملين}}$

ويعكس هذا المؤشر كثافة رأس المال أي مقدار المكائن والمعدات للعامل الواحد. وكلما ارتفعت هذه النسبة كلما أشار ذلك إلى ارتفاع الكثافة الرأسمالية في المنشأة (أي حصة العامل من المكائن والمعدات) وتطور مستوى التكنولوجيا.

3. درجة اعتماد المنشأة على المستلزمات المستوردة:

= $\frac{\text{قيمة المستلزمات السلعية المستوردة}}{\text{قيمة المستلزمات السلعية الاجمالية}} \times 100$

وكلما ارتفعت هذه النسبة كلما أشار ذلك إلى ارتفاع درجة اعتماد المنشأة على الاستيراد في توفير مستلزمات الانتاج.

4. درجة المساهمة في التصدير = $\frac{\text{قيمة (أو كمية) الصادرات}}{\text{قيمة (أو كمية) الانتاج الاجمالي}} \times 100$

ويعكس هذه المؤشر دور المنشأة في التصدير وتوفير العملات الأجنبية، فكلما ارتفعت هذه النسبة كلما دل ذلك على ارتفاع أهمية التصدير في نشاط المنشأة.

3.8 مقارنة المؤشرات ومحدوديتها

بعد احتساب المؤشرات والنسب المذكورة أعلاه يتم تقييم كفاءة أداء المنشآت بالاستناد إلى هذه المؤشرات. ولهذا الغرض نحتاج إلى مؤشرات قياسية تمكننا من مقارنة النسب والمؤشرات المقدرة مع المؤشرات القياسية. وهناك أربعة أنواع من المقاييس التي تستخدم لهذا الغرض وهي: (1) المقاييس المطلقة. (2) المقاييس التاريخية. (3) المقاييس الأفقية و (4) المقاييس المخططة.

فالمقاييس المطلقة هي المقاييس المقبولة بغض النظر عن نوع الشركة أو طبيعة عملها وهدف النشاط فيها. فمثلاً أن قيمة النسبة الجارية البالغة 2 وقيمة نسبة الأصول السريعة البالغة 1 تعتبر مقبولة وقياسية في الأوساط التجارية. والمقاييس التاريخية تمثل المستوى السابق لهذه النسب والتي يتم مقارنتها بالنسب الحالية، وبهذا تعرف المنشأة وضعها الحالي إذا كان جيداً أو سيئاً بالمقارنة مع الوضع السابق. وتسمى المؤشرات التاريخية أيضاً بالمؤشرات الداخلية. والمقاييس الأفقية تستخدم للمقارنة بين المنشآت المتشابهة ضمن الصناعة الواحدة. أما المقاييس المخططة فهي نسب مخططة يتم المقارنة بينها وبين النسب الفعلية للمنشآت للتوصل إلى مستوى الانجاز للأهداف المتوقعة. أن المقاييس المخططة تعتبر مفيدة من حيث أن المنشأة عندما حددتها أخذت في الاعتبار الظروف السائدة والتغيرات المتوقعة خلال سنة التشغيل وأن مثل هذه النسب مستندة إلى افتراضات معينة حول المستقبل، وإذا أثبتت الافتراضات خطأها فعندها تكون المقارنة بين النسب الفعلية

والنسب المخططة غير صحيحة. إن هذا الجانب يمثل المشكلة الكبرى للمؤشرات القياسية وبخلاف ذلك فإنها تعتبر أفضل من كل المؤشرات المذكورة آنفاً.

وتعتبر المؤشرات نقطة البداية للمقارنة رغم أنه ليس هناك مقياساً مطلقاً مستقلاً بحيث يكون مناسباً للمقارنة في كل الحالات. أما المقاييس التاريخية فهي مفيدة بطبيعة الحال للتقييم الداخلي للمنشأة خلال فترة زمنية معينة وخصوصاً عند تطبيق سياسات جديدة في الشركة بغية معرفة تأثيراتها. والمقاييس الأفقية هي الأخرى مفيدة للمقارنة بين الشركات ومعرفة وضعها النسبي بالمقارنة مع الشركات الأخرى. ولكن هناك بعض المشاكل، فقد يكون هناك اختلافات في الفترة الحسابية أو في أهداف الشركة أو في مزيج الانتاج أو في الموقع الجغرافي أو في حجم الشركة والتي تجعل المقارنة بين الشركات أقل دقة، وعلى كل حال فإن المقارنة بين المؤشرات تخدم غرضاً مفيداً للشركة في اتخاذ القرار.

وتبقى المقاييس المخططة هي الأفضل في كل الأحوال لأن الذي حدد هذه المؤشرات يضع في اعتباره كل المقاييس المناسبة.

ورغم كل ذلك تبقى هناك بعض المآخذ على هذه المؤشرات ومنها:

1. أن النسب والمؤشرات هذه مشتقة من بيانات سابقه في حين أن المنشآت الصناعية تأخذ توقعات المستقبل في الحسبان.
2. أن التغيرات غير المتوازية في أسعار الأصول والانتاج والمستلزمات، بما فيها تقييم الخزين خلال الفترات المختلفة، تؤثر بشكل جدي على المقارنة بين المؤشرات، وخاصة في حالة المؤشرات التي يكون فيها البسط والمقام معبراً عنهما بأسعار مختلفة، مثل معدل دوران الأصول الثابتة حيث يكون البسط (المبيعات) بأسعار جارية لكن المقام (الأصول الثابتة) بالتكلفة التاريخية. وفي المحاسبة المالية ليس هناك تعديلاً يأخذ التضخم بنظر

الاعتبار. وعليه فإن المشكلة في المقارنة بين المؤشرات خلال الزمن لابد أن تكون واردة.

3. أن الاختلاف في التعريف والقياس لبعض المصطلحات، مثل أرباح التشغيل واجمالي الأرباح وصافي الأرباح وتكلفة السلع المباعة وقيمة الخزين، تجعل المقارنة فيما بين الشركات غير صحيحة.

لكنه رغم المحددات المذكورة فإنها ذات أثر قليل ومحدود وتبقى تحليلات المؤشرات هذه لها أهميتها وفائدتها في تقييم أداء المنشآت الصناعية وعملية اتخاذ القرارات. إلا أن هذه المؤشرات ينبغي أن تؤخذ بحذر وأن تدعم بالتقدير الشخصي للقضايا قيد التحليل.

4.8 العلاقة بين أداء المنشآت الصناعية والسياسة الاقتصادية والصناعية.

حيث أن المنشأة الصناعية تعمل ضمن إطار الاقتصاد الوطني للبلد المعني فإن جميع السياسات الاقتصادية التي ينتهجها البلد المعني تترك آثارها على مستوى أداء وانجاز المنشآت الصناعية سلباً أو ايجاباً.

وعلى سبيل المثال إذا كان البلد يتبع سياسة التسعير الاداري وسياسات حمائية فإن هذه السياسات لابد أن تترك آثارها على مستوى الأسعار وعلى أوضاع المنشآت الصناعية حيث تكون هذه الوضعية في صالح المنشآت المذكورة. ذلك أن استخدام نظام الحماية الجمركية أو الكمية ضد المستوردات المماثلة للانتاج المحلي يساعد المنشآت على تصريف انتاجها واستغلال طاقاتها الانتاجية وتحقيق مستويات معينة من الأرباح. وعلى العكس من ذلك عندما تكون المنافسة هي السائدة فإن ظروف العمل في المنشآت تكون أصعب وقد تحقق بعض المنشآت غير الكفوءة خسائر مالية بدلاً من الأرباح.

كما أن سياسة الأجور التي تتبعها وكذلك نوع الخدمات والتسهيلات التي تقدمها إلى الصناعة تترك هي الأخرى آثارها سواء الايجابية أو السلبية. فمثلاً إذا كانت الدولة تتبع سياسة تحديد الحد الأدنى للأجر وسياسة رفع الأجور لزيادة مستوى معيشة العاملين فإن ذلك يؤدي إلى ارتفاع تكاليف الانتاج مما يؤثر سلباً على مستوى الأرباح لدى المنشآت وخصوصاً إذا كانت امكانية زيادة الأسعار (للتعويض عن ارتفاع التكاليف) ليست واردة أو سهلة.

وأخيراً فإن مستوى الخدمات والتسهيلات التي تقدمها الدولة إلى المنشآت الصناعية يؤثر في مستوى أدائها ومن ثم في أرباحها. فكلما كانت الخدمات والتسهيلات كبيرة وسخية ومتنوعة كلما أدى ذلك إلى تخفيض تكاليف الانتاج وبالتالي زيادة مستويات الأرباح لديها والعكس صحيح.

وهكذا نجد بأن مستوى كفاءة الأداء في المنشآت يتأثر بدرجة كبيرة بالسياسات الاقتصادية والصناعية التي تتبعها الدولة أي أن كفاءة الأداء تتأثر بالبيئة الاستثمارية السائدة في البلد، إلى جانب كفاءة الأداء للموارد الاقتصادية لهذه المنشآت.

5.8 البيانات المطلوبة لتقييم الأداء وطرق احتسابها

من المعلوم أن عملية تقييم الأداء تحتاج إلى الكثير من المعلومات والبيانات المتعلقة بنشاط المنشآت الانتاجية لاحتساب المؤشرات التي يتم استخدامها للغرض المذكور. ومن أهم هذه المؤشرات هي رأس المال (الثابت والتشغيلي) والانتاج والقيمة المضافة والمبيعات ومستلزمات الانتاج والقوى العاملة والطاقات الانتاجية والأرباح.. الخ. ولاشك أن عملية التقييم ومستوى الأداء ودقته تعتمد على دقة هذه البيانات وصحتها. لهذا فمن المفيد والضروري الوقوف على تعريف المؤشرات

وطرق احتسابها أو تقديرها لكي يمكن استخدام هذه البيانات والمؤشرات في عملية التقييم.

وفيما يلي نبذة مختصرة عن هذه البيانات وتعريفها وطرق احتساب كل منها:

1. الموجودات الثابتة:

وتشمل كافة عناصر الموجودات والأصول الثابتة، أو ما يسمى برأس المال الثابت، ويتكون من:

أ- الأراضي.

ب- المباني.

جـ- المكائن.

د- وسائط النقل.

هـ- الأثاث.

و- موجودات أخرى.

ويتم حساب كل من هذه المؤشرات بالقيمة وفق الجدول الآتي:

الرصيد في أول المدة (بداية السنة)

+ الاضافات الرأسمالية خلال العام:

مستوردة

محلية (جديدة أو مستعملة)

+ مشروعات تحت التنفيذ خلال العام

– موجودات تم اهتلاكها خلال العام

– موجودات مباعة خلال العام

– الاهتلاك السنوي

= القيمة الصافية في نهاية العام

2- الموجودات المتداولة (الخزين)

وتشمل عناصر الموجودات في الجدول التالي وتستوفى بياناتها بالقيمة في بداية ونهاية السنة وكما يلي:

التسلسل	عناصر الموجودات	بداية السنة	نهاية السنة	التغير في المخزون
1	خامات ومواد اولية			
2	سلع وبضائع منتجة نهائية			
3	سلع وبضائع منتجه شبه نهائية			
4	أخرى + نقد في الصندوق ولدى البنوك + شيكات برسم التحصيل + مدينون			
المجموع				

3. رأس المال المستثمر:

ويشمل رأس المال المدفوع مضافاً إليه مصادر التمويل طويلة الأجل (الاحتياطيات والتخصيصات والقروض طويلة الأمد) ومضافاً إليه رأس المال التشغيلي السالب (ويمثل زيادة المطلوبات المتداولة قصيرة الأجل على الموجودات المتداولة قصيرة الأجل).
أو: تكلفة الموجودات الثابتة مضافاً إليها رأس المال التشغيلي.

4- الانتاج والمبيعات:

ويشمل (الانتاج السلعي والخدمي) للمنشأة ويتم تفصيله حسب كل سلعة منتجه سواء سلعاً نهائية قابلة للتسويق أو سلعاً نصف مصنعة. ويتم احتساب المؤشرات المذكورة بالكمية والقيمة بموجب المعادلة التالية لكل سلعة من السلع المنتجة.

أ- الانتاج السلعي ويساوي:

المبيعات + خزين آخر المدة - خزين أول المدة = الانتاج (بسعر السوق)

الانتاج بسعر السوق – الضرائب والرسوم غير المباشرة + الاعانات

= الانتاج (بسعر تكلفة عوامل الانتاج)

مثال: صناعة الاسمنت

السلعة المنتجة – اسمنت

الوحدة القياسية / طن القيمة (دينار)

	الكمية	القيمة	السعر
مبيعات محلية خلال العام	2000	20000	10
+ مبيعات خارجية خلال العام	400	4000	10
- مخزون أول المدة	600	48000	8
+ مخزون آخر المدة	250	200	8
= الانتاج بسعر السوق	2050	2100	10.3
- قيمة الضرائب والرسوم غير المباشرة	-	4800	2
+ قيمة الاعانات	-	3000	-
= الانتاج (بتكلفة عوامل الانتاج)	2050	19400	8

وهكذا يسري التطبيق على بقية السلع النهائية المنتجة في المنشأة خلال العام مع اختلاف بسيط في الاحتساب بالنسبة للمنتجات نصف المصنعة والتي لا ينطبق عليها مفهوم الضرائب والاعانات وتحتسب أحياناً بالقيمة فقط حيث يصعب احتسابها بالكمية.

ب- الانتاج الخدمي

وهو كافة الموارد التي تحصل عليها المنشأة نتيجة ممارستها لنشاطها الصناعي وأهم مكونات هذا الانتاج هي:

1. ايرادات عن قيمة الأعمال المقدمة للغير.
2. ايجاز مباني ومكائن.
3. ايراد عن استشارات فنية.

وأن مجموع قيمة الانتاج السلعي للمنشأة والانتاج الخدمي يساوي قيمة الانتاج الاجمالي خلال العام.

أما المبيعات فيقصد بها اجمالي المبيعات المحلية والصادرات والتي تشمل:

صافي المبيعات من الانتاج التام.

ايرادات التشغيل للغير.

ولا يدخل ضمن اجمالي المبيعات البضاعة المشتراه بصورة جاهزة والمعاد بيعها. والصادرات تذكر قيمتها بعد استبعاد مصاريف النقل من المعمل إلى الميناء واعانات دعم الصادرات الممنوحة للمنشأة من قبل الدولة.

مستلزمات الانتاج

وتشمل كافة المستلزمات السلعية والخدمية المطلوبة للعملية الانتاجية، وتتضمن المستلزمات السلعية الخامات والمواد الأولية المستخدمة في الانتاج وكذلك مواد التعبئة والتغليف والطاقة والمياه المستعملة في الإنتاج. أما المستلزمات الخدمية فتشمل قيمة المبالغ المدفوعة عن أعمال مقدمة من قبل الغير وتكاليف الغير وتكاليف استشارات وايجار ومعدات ومكائن ومصاريف نقل وتنقلات ودعاية واعلان ... الخ.

ومن المهم التفريق بين مستلزمات الانتاج وتكلفة الانتاج، فالأول يقتصر على قيمة المواد الخام والتعبئة والتغليف الداخلة في الانتاج وكذلك الطاقة والمصاريف الخدمية المتعلقة بالنشاط الصناعي السلعي، أما تكلفة الانتاج فهي عبارة عن مستلزمات الانتاج زائداً كافة التكاليف الأخرى التي تتحملها المنشأة نتيجة نشاطها الصناعي كالأجور والضرائب والرسوم والتي تشكل القيمة المضافة جزءاً منها.

ويتم حساب مستلومات الانتاج السلعية في الاحصاء الصناعي بموجب المعادلة الآتية:

الرصيد أول المدة + المشتريات خلال العام - الرصيد آخر المدة - المواد المباعة بدون اجراء عملية صناعية عليها = المواد المستخدمة فعلاً في الإنتاج.

وتثبت قيمة المستلزمات السلعية بسعر التكلفة واصل مخازن المنشأة أو موقع العمل، أي تتضمن تكلفة الشراء زائداً كافة الهوامش التجارية والقانونية والادارية الأخرى.

القيمة المضافة الاجمالية (بتكلفة عوامل الانتاج):

ويتم احتسابها على أساس قيمة الانتاج الاجمالي (بسعر السوق) ناقصاً المستلزمات السلعية والخدمية المستخدمة بكافة أنواعها، ناقصاً الضرائب غير المباشرة.

القيمة المضافة الصافية:

يتم الحصول عليها من خلال طرح الإهتلاك من القيمة المضافة الاجمالية.

القوى العاملة:

وتتضمن البيانات ما يلي:

1. أعداد القوى العاملة حسب الجنس والجنسية.
2. أعداد القوى العاملة حسب مستوى المهارة والوظيفية.

3. المزايا المقدمة للعاملين.
4. الأجور والرواتب حسب التصنيفات أعلاه.
5. عدد العاملين بلا أجر الذين يعملون لحسابهم الخاص.
6. ساعات العمل.

طريقة حساب عدد العاملين:

يتم حساب عدد العاملين أما في نهاية السنة أو نهاية الفصل أو الشهر، أو بطريقة المعدل اليومي والشهري والفصلي وأحياناً يتم الفصل بين العاملين الدائمين والمؤقتين والموسميين وحسب طبيعة الصناعة ويتم تصنيف العاملين حسب الاختصاص والمهارة.

	العدد	الأجور		ساعات العمل	
	الجنس	اعتيادية	اضافية	اعتيادية	اضافية
هيكل العمالة					
الإدارة العليا					
ذوو الكفاءة العالية					
فنيون					
مشرفون					
ماهرون					
غير ماهرين					
إدارة					
خدمات					
مجموع					

أما المزايا فتشمل المزايا النقدية والعينية التي تتحملها المنشأة أو رب العمل وهي (المعالجة الطبية والطعام والملابس (عدا ملابس مستلزمات العمل) والنقل والضمان الإجتماعي والتأمين.

الطاقة الانتاجية:

وتشمل ما يلي:

1. الطاقة التصميمية.
2. الطاقة المتاحة.
3. الطاقة الفعلية.

وتستوفى البيانات أما على مستوى خطوط الانتاج أو على مستوى المنشأة. ففي صناعة النسيج تستوفى على الخط الانتاجي (خط الغزل وخط النسيج)، وفي صناعة الاسمنت على مستوى المعمل وفي صناعة تصفية النفط على مستوى طاقة النفط الخام الداخل في الانتاج.

اجمالي الأرباح:

وتمثل الفرق بين اجمالي قيمة المبيعات (بالأسعار الجارية) وتكلفة البضاعة المباعة، والمتمثلة بفائض العمليات الجارية، مضافاً إليها تكلفة الخدمات الإدارية.

صافي الأرباح:

وتمثل إجمالي الأرباح مطروحاً منها تكلفة الخدمات الإدارية بعد إضافة الإيرادات وتنزيل المصروفات التي لا تتعلق بالنشاط الجاري (أي الفائض القابل للتوزيع).

هوامش الفصل الثامن

(1) قارن: Jacobson, D and Bernadette Andreosso – Ocllaghan, Industrial Economics and Organisation, European Perspective, 1996,p221.

(2) قارن: د.حميد الجميلي وآخرون، الاقتصاد الصناعي، مصدر سابق ص254-255 .

(3) تم تقسيم مؤشرات التقييم إلى مجموعات اعتماداً على الوثيقة الرسمية لوزارة التخطيط العراقية، مؤشرات الانتاجية وكفاءة الأداء (للمنشآت الانتاجية) وزارة التخطيط- المكتب الخاص- تشرين أول 1983، كما تم اعتماد تعريف معظم المؤشرات والتعريفات الواردة في هذا المرجع.

(4) المصدر نفسه، ص ص 1-4 .

(5) للمزيد من التفاصيل أنظر: وزارة التخطيط العراقية، مؤشرات كفاءة الأداء، مصدر سابق:
د. منير إبراهيم هندي، الأوراق المالية وأسواق رأس المال، مصدر سابق ص ص359-361
Jain, S.K.., and Vikas, Applied Economics for Engineers and Managers, op.cit,p275.

الفصل التاسع

حالات تطبيقية لتقييم المشروعات الصناعية

أولاً: مشروع مصنع لإنتاج الطوب الطفلي

ثانياً: دراسة الجدوى الاقتصادية لمشروع انتاج الورق

ثالثاً: دراسة جدوى مشروع انتاج حامض الخليك من المولاس

الفصل التاسع
حالات تطبيقية لتقييم المشروعات الصناعية

أولاً: مشروع مصنع لإنتاج الطوب الطفلي (*)

1. وصف المشروع:

يهدف المشروع إلى إنتاج الطوب الطفلي في مصر بمقاس 23 × 11.5سم ووزن 2.6كغم وبطاقة انتاجية تبلغ (24000) قالب/يوم. ويعمل المشروع على أرض مؤجرة مساحتها 6300م^2, بإيجار سنوي مقداره 7.5 ألف جنيه مصري. ويعتمد المشروع في توفير خاماته (الطفله، والرمل، والوقود) على السوق المحلي.

2. التكاليف الاستثمارية للمشروع:

تبلغ جملة التكاليف الاستثمارية للمشروع نحو 207.5 ألف جنيه، منها 5 آلاف جنيه مباني و (163.5) ألف جنيه آلات ومعدات. وتبلغ تكلفة التراخيص نحو 6.5 ألف جنيه، بالإضافة إلى رأس المال التشغيلي (الذي يغطي تكاليف تشغيل دوره انتاجية أمدها شهر) والبالغ (37) ألف جنيه. ويعتمد المشروع في الحصول على خدمة آلة التحميل (LOADER) بواسطة الإيجار لمدة 12 ساعة/ أسبوع بأجر 50 جنيه /ساعة.

المباني: وتشمل قاعة لمبيت العمال وورشة لصيانة الآلات واسطبل للدواب وهي مباني بسيطة تبلغ تكلفتها الإجمالية نحو (5) آلاف جنيه.

(*) اعتمدت هذه الدراسة على البيانات والمعلومات الواردة في المرجع الآتي: د. سعدي طه علام، مرجع سابق، مع بعض التعديلات والإضافات وتصحيح بعض الأخطاء في الحسابات الواردة في الدراسة.

الآلات والمعدات: وتبلغ قيمتها مع الدواب نحو (164) ألف جنيه منها، (6) آلاف جنيه تكلفة الدواب وعددها (6) .

رأس المال التشغيلي:

ويبلغ نحو (32) ألف جنيه ويغطي تكلفة تشغيل لمدة شهر واحد (دوره انتاجية)، حيث تستغرق عملية التخمير والكبس والتنشير والحرق نحو شهر، علماً أن الايجار والأجور تدفع لمدة 12 شهر في حين أن باقي تكلفة التشغيل تدفع لمدة 9 شهور فقط في السنة.

والجدول رقم (9-1) أدناه يبين تفاصيل التكاليف الاستثمارية للمشروع .

جدول (9-1) التكاليف الاستثمارية

البيــان	ألف جنيه
مباني	5.0
آلات ومعدات .	-
مولد كهربائي	9.0
مكبس قدره 2000 فولت/ساعه	35.0
موتور ديزل	12.0
فرن حريق	30.0
لوحة كهرباء	3.0
عربات نقل	3.5
قلاب	65.0
الدولاب	6.0
جملة الآلات والمعدات والدواب	163.5
تراخيص	6.5
رأس المال التشغيلي	37.0
جملة التكاليف الاستثمارية	212.0

3. طريقة العمل والإنتاج:

توضع الطفله بعد ورودها من المحاجر في أحواض بها مياه لغسيلها من الأملاح ويتم تخميرها لمدة 8 أيام يتم بعدها رفعها من الأحواض بواسطة Loader (حامل) يتم تأجيره لهذا الغرض مرتين أسبوعياً ولمدة 6 ساعات/مره بأجر 50 جنيه/ساعة.

ويتم إضافة الرمل بنسبة 1 إلى 2 طفله ويوضع المخلوط في خلاط يغذي المكبس الذي يقوم بعملية الكبس ويكبس الطوب على هيئة قالب كبير يتم تقطيعه إلى قوالب بحجم 23سم/11.5سم ووزنه 2.6كغم/طوبه أخضر وذلك عن طريق ماكنه خاصه ملحقة بالمكبس. ويقوم العمال بإنزال الطوب وتنشيره وتغطيته بالقش مع مراعاة رش (حمره) بين طبقات الطوب حتى لا تلتصق. وتستغرق عملية التنشير 15 يوم يتم بعدها إدخال الطوب إلى فرن الحرق. وتستمر عملية الحرق داخل الفرن لمدة أسبوع يتم بعدها إخراج الطوب وتحميله على عربات تمهيداً لبيعه.

العمالة والإدارة:

يتولى أصحاب المشروع إدارته بأنفسهم أو بتعيين مدير من بينهم. مقابل أجر شهري مقداره (800) جنيه ويوجد بالمشروع نوعان من العمالة (عماله قديمة) بأجر يومي 15 جنيه/عامل وعماله حديثة تتولى المناولة وإزالة الزوائد ورش الطوب والعمل على العربات التي تجرها الدواب. ويشغل المشروع 45 شخصاً بجملة أجور سنوية تبلغ (119400) ألف جنيه. ويدفع المشروع تأمينات صاحب العمل 22% من أجور العمالة السنوية للعمالة القديمة وتقدر بنحو 23.5 ألف جنيه.

والجدول رقم (2.9) أدناه يبين تفاصيل العماله والأجور.

جدول (2.9) العمالة والأجور

(الجنيه المصري)

البيان	العدد	الأجر الشهري للعامل (جنيه)	جملة الأجر الشهري	الأجر السنوي
مدير المشروع	1	800	800	9600
عامل تعبئة الخلاط	10	375	3750	45000
عامل تشغيل المكبس	1	375	375	45000
عامل ترابيزه	1	375	375	45000
مناول ترابيزه	2	75	150	18000
عامل إزالة زوائد	1	75	75	900
عامل رش الماء	1	75	75	900
عامل مناولة	4	75	300	3600
عامل عربة	3	75	225	2700
عامل هز حمره	2	75	150	1800
عامل رش حمره	1	75	75	900
عامل إدخال طوب	10	200	2000	24000
عامل إخراج طوب	8	200	1600	19200
الجملة	45			119400

أما التكاليف الإنتاجية التشغيلية السنوية فتبلغ نحو (353.8) ألف وتتكون من إيجار الأرض وأجور العُمال والتأمينات والطفله والرمل والقش ثم الديزل والمازوت وإيجار اللودر ثم مصروفات نثرية وصيانة. وتتوزع التكاليف التشغيلية فيما بين الفقرات المذكورة كما في الجدول رقم (9. 3) أدناه.

جدول (9-3) التكاليف الإنتاجية التشغيلية السنويه (ألف جنيه)

البيان	ألف دينار
إيجار الأرض	7.5
أجور عمال وتأمينات	144.7
طفله	113.4
رمل	38.9
قش	6.1
ديزل ومازوت	9.8
إيجار لودر	21.6
نثريه	1.8
صيانة	10.0
جملة	353.8

أما أسعار الخامات فكما يلي:

الطفله	9 جنيه و 14 جنيه حسب النوع للمتر المكعب
الرمل	9 جنيه للمتر المكعب
القش	4.5 جنيه للباله
الديزل	80 جنيه للبرميل
المازوت	137 جنيه للطن

4. الانتاج والإيرادات والتسويق

يعمل المشروع وردية واحده/يوم بطاقة انتاجية مقدارها (24000) طوبه/يوم. ويعمل المشروع 270 يوم/سنه، وتبلغ طاقة الإنتاج السنوية نحو 6.48 مليون طوبه، ويباع الإنتاج بالوحدات (1000طوبة للوحدة) وبمبلغ 80 جنيه/وحده. وتقدر إجمالي المبيعات على أساس الطاقة الإنتاجية السنوية بنحو (518.4) ألف

جنيه، ويتم تسويق الإنتاج وبيعه أما على أرض المشروع بسعر 80جنيه/ألف طوبه أو عن طريق تجار يقومون بعرض الطوب محمولاً على عربات في هذه الحاله بسعر 100 جنيه/ألف طوبه.

5- الاهتلاك

بلغت تخصيصات الاهتلاك لعناصر الأصول الثابتة ومصاريف التأسيس نحو (22250) جنيهاً وهي تشمل المباني والآلات والمعدات ومصاريف التأسيس وكما في الجدول رقم (9-4) الآتي:

جدول رقم (9-4) الاهتلاك والاستهلاك (بالجنيه)

البيان	قيمة الأصل	القيمة المستهلكة	معدل الاهتلاك	القسط السنوي	القيمة المتبقية
مباني	5000	4500	%10	450	500
آلات ومعدات	157500	14 1750	%10	14175	15750
دواب	6000				6000
مصروفات تأسيس	6500	6500	%20	1300	-
الجملة				15925	22250

6- التمويل:

تفترض الدراسة بأن التمويل يتم من خلال قرض يغطي نصف التكاليف الاستثمارية للمشروع، أي بمقدار 106 ألف جنيه بفائدة تبلغ 12% ويسدد القرض على 3 أقساط سنوية بعد فترة سماح لمدة سنة تدفع فيها الفائدة. وعلى هذا الأساس فإن خدمة الدين تتم على وفق الجدول رقم (9-5) الآتي:

جدول رقم (9-5) خدمة الدين (ألف جنيه)

السنة	رصيد أول العام	الفائدة 12%	جملة الدين	القسط السنوي	رصيد آخر العام
1	106	12.7	-	-	106
2	106	12.7	118.7	35.2	70.7
3	70.7	8.5	79.2	35.2	39.4
4	35.4	4.2	39.6	35.2	صفر

واستناداً إلى البيانات الواردة في الجدوال المذكورة أعلاه فإنه تم اعداد جدول ملحق رقم (1) وتمثل قائمة الدخل السنوي وكذلك جدول رقم (7) ويمثل قائمة التدفقات النقدية السنوية والمثبتة في آخر الدراسة.

وإستناداً إلى الجدول الملحق الخاص بالتدفقات النقدية السنوية رقم (7) فقد تم احتساب القيمة الحالية للتدفقات النقدية المذكورة لسنوات عمر المشروع على أساس سعر خصم 50% وحصلنا على صافي القيمة الحالية للمشروع والبالغة (120.3) ألف جنيه وكما مبين في الجدول رقم (9-6) أدناه.

جدول رقم (9-6) القيمة الحالية للتدفقات النقدية

السنة	صافي التدفقات	سعر خصم 50%	القيمة الحالية(ألف جنيه)
1	(15.0)	0.666666	(10.0)
2	90.2	0.444444	40.1
3	89.4	0.296296	26.5
4	88.5	0.197531	17.5
5	115.1	0.131687	15.2
6	131.2	0.087791	11.5
7	131.1	0.058528	7.7
8	131.1	0.039018	5.1
9	131.1	0.026012	3.5
10	190.4	0.017342	3.3
صافي القيمة الحالية (NPV)			120.3

7. تحليل الربحية التجارية للمشروع:

سوف نقوم في أدناه بتحليل الربحية التجارية (الخاصة) للمشروع وذلك بالإستناد إلى عدد من معايير الربحية التجارية وهي:

1. معيار فترة الاسترداد لرأس المال المستثمر.
2. معيار العائد (الربحية)، لسنة واحدة عادية، ولكل سنوات عمر المشروع.
3. معيار صافي القيمة الحالية (NPV)
4. معيار معدل العائد الداخلي (IRR).

1. فترة استرداد رأس المال المستثمر

استناداً إلى بيانات الجدول رقم (9-7) أدناه فقد بلغت فترة استرداد رأس المال المستثمر في المشروع بحدود سنتين وثلاثة شهور ونصف تقريباً، وكما مبين أدناه:

جدول رقم (9-7) حساب فترة الاسترداد [1]

البيان	القيمة الاسمية (ألف دينار)	قيمة رأس المال غير المسترد
اجمالي الاستثمار	212	
صافي الإيرادات النقدية		
السنة صفر		-212
السنة 1	73.6	-138.4
2	105.6	-32.8
3	108.5	+75.7

(1) الأرقام مستمدة من الجدول الملحق رقم (1)

وبطبيعة الحال فإن مثل هذه الفترة تعتبر قصيرة وتشير إلى أن المشروع يتمتع بجدوى وربحية عالية.

2. معدل العائد (البسيط) للاستثمار

أ- معدل العائد السنوي (لسنة عادية):

بلغ معدل العائد السنوي للإستثمار لسنة عادية (هي السنة السادسة) نحو 56% للإستثمار الاجمالي، ونحو 109% للمساهمات فقط، وكما في أدناه:

$$\frac{F+i}{I} = 116.5 = 0.55 = 55\%$$

$$\frac{F}{Q} = \frac{116.5}{106} = 1.09 = 109\%$$

حيث أن :

F = الربح الصافي

i = الفوائد

I = الاستثمارات الكلية

Q = المساهمات

ويظهر واضحاً ارتفاع معدل العائد للمشروع بالنسبة للاستثمار ككل وللمساهمات فقط.

ب- المتوسط السنوي لعائد الاستثمار (لكل سنوات عمر المشروع).

بلغ المتوسط السنوي لعائد الاستثمار على أساس الأرباح الصافية نحو 46.2% وكما يأتي:

المتوسط السنوي لعائد الاستثمار = المتوسط السنوي للأرباح الصافية / التكاليف الأولية للاستثمار

$$= \frac{98.1}{212} = 0.462 = 46.2\%$$

واستناداً إلى الأرباح الإجمالية فإن المتوسط السنوي للعائد يكون:

المتوسط السنوي لعائد الاستثمار = المتوسط السنوي للأرباح الإجمالية / التكاليف الأولية للإستثمار

$$= \frac{129.7}{212}$$

= 0.61 أو 61%

وهكذا نلاحظ بأن المتوسط السنوي لعائد الاستثمار استناداً إلى الأرباح الإجمالية والبالغ نحو 61% هو أعلى من مثيلة للأرباح الصافية، لأن الأرباح في الحالة الثانية تكون قبل دفع الضرائب أو الفوائد وهذا أمر متوقع.

3. صافي القيمة الحالية (NPV)

بلغت القيمة الحالية الصافية للمشروع نحو (120.3) الف دينار كما رأينا في الجدول رقم (6-9) أعلاه، وبما أن صافي القيمة الحالية للمشروع موجبة فإن المشروع يكون مقبولاً من الناحية الإقتصادية.

4. معدل العائد الداخلي (IRR)

من خلال احتساب صافي القيمة الحالية، والتي كانت موجبة عند سعر خصم 50%، فأن معدل العائد الداخلي يكون أكبر من 50% وهذا دليل على كون المشروع يحقق معدلاً داخلياً للعائد مرتفعاً جداً ويعكس بشكل واضح ارتفاع ربحية وجدوى المشروع.

جدول ملحق رقم (1) قائمة الدخل السنوي

بالألف جنيه

البيان / السنوات	1 %75	2	3	4	5	6	7	9-8	10
الإيرادات	388	518	518	518	518	518	518	518	518
تكاليف التشغيل	265	354	354	354	354	354	354	354	354
الإهلاك	15.9	15.9	15.9	15.9	15.9	14.6	14.6	14.6	14.6
جملة التكاليف	280.9	369.9	369.9	369.9	369.9	368.6	368.6	368.6	368.6
الربح الإجمالي	107.1	148.1	148.1	148.1	148.1	149.4	149.4	149.4	149.4
الفوائد	12.7	12.7	9.0	4.8	-	-	-	-	-
الربح الخاضع للضريبة	94.4	135.4	139.1	143.4	148.1	149.4	149.4	149.4	149.4
الضرائب 22%	20.8	29.8	30.6	31.5	32.6	32.8	32.9	32.9	32.9
الربح الصافي	73.6	105.6	108.5	111.9	115.5	116.3	116.5	116.5	116.5

* المشروع يعمل بطاقة 75% في العام الأول

جدول ملحق رقم (2) قائمة التدفقات النقدية السنوية

بالألف جنيه

البيان / السنوات	1 %75	2	3	4	5	6	7	8	9	10
التدفقات الداخلة										
الإيرادات	388	518	518	518	518	518	518	518	518	518
القرض	106									
إسترداد رأس المال العامل										37
القيمة المتبقية										22.3
جملة التدفقات الداخلة	494	518	518	518	518	518	518	518	518	577.3
التدفقات الخارجة										
التكاليف الإستثمارية	207				16.3					
تكاليف التشغيل	265	354	354	354	354	354	354	354	453	354
خدمة الدين	12.7	44.0	44.0	44.0	-	-	-	-	-	-
الضرائب	24.3	29.8	30.6	31.5	32.6	32.8	32.9	32.9	32.9	32.9
جملة التدفقات الخارجة	509.0	427.8	428.6	429.5	402.9	386.8	386.9	386.8	386.8	386.8
صافي التدفقات	(15.0)	90.2	89.4	88.5	115.1	131.2	131.1	131.1	131.1	190.4

ثانياً: دراسة الجدوى الإقتصادية لمشروع انتاج الورق (*)

يهدف المشروع إلى انتاج كرتون الدوبلكس كرومو في جمهورية مصر العربية (الإسكندرية). ونتناول في أدناه: ملخصاً للدراسة التسويقية ثم ملخصاً لدراسة الجدوى الفنية والهندسية، ثم الهيكل التمويلي المقترح وأخيراً الدراسة المالية ومؤشرات الجدوى.

1. الدراسة التسويقية:

يتسم الطلب على كرتون الدوبلكس الكرومو بالتنوع الشديد/ حيث يستخدم في علب شركات الأدوية وعلب المنظفات المختلفة، وعلب الحلويات بمختلف أنواعها أو أي منتجات يتم تغليفها وتعبئتها في علب كارتونية فاخرة. ويعتمد السوق المحلي في توفير احتياجاته من كرتون الدوبلكس كرومو على السوق الخارجي بصفة رئيسية، حيث لا يغطي الإنتاج المحلي سوى 15% من الطلب المحلي على المادة المذكورة. وقد ارتفعت أسعار الدوبلكس خلال السنوات السابقة من 1800 جنيه للطن في 1991 إلى 2800 جنيه في عام 1994، وهذا هو سعر الجملة ويتضمن ضريبة جمركية نسبتها 20% ونحو 10% ضريبة مبيعات و 3% خدمة جمركية و 2% تنمية موارد.

وفي حالة قيام المصنع بإنتاج كرتون الدوبلكس العادي (وبدون أي تعديلات على الخط الإنتاجي) فإن سعر البيع للجملة يبلغ 2000 جنيه للطن وأن الطلب الرئيسي على منتجات المشروع سوف يكون من قبل الشركات العاملة في محافظة الاسكندرية ولا توجد أية مشكلة في تسويق الإنتاج.

(*) الدراسة مستمده من: د. سعيد عبد العزيز عثمان، دراسات جدوى المشروعات بين النظرية والتطبيق، مصدر سابق، ص ص 351-389 ، مع الاختصار والتصرف.

إن درجة المنافسة في السوق المحلي من قبل المنتجين المحليين تكاد تكون معدومة ولكن تظل المنافسة قائمة من قبل البديل المستورد لكن الضريبة الجمركية وملحقاتها ستكون كفيلة بتحول الطلب لصالح الإنتاج المحلي. ولهذا نستنتج إنعدام أو انخفاض درجة المخاطر التسويقية.

2. الدراسة الفنية والهندسية:

أ- الموقع: استقرت الدراسة على تحديد الموقع بالمدينة الصناعية بالإسكندرية وتم تحديد المساحة الملائمة بما يعادل 3500م^2.ومن مزايا هذا الموقع أنه ملاصق لمعمل السلام لإنتاج الورق، مما يعطي قدرة أكبر للملاك بالإشراف الفعال لعمليات المشروعين (الورق والكرتون) بدون تكلفة إضافية عالية. ويقع الموقع المقترح في منطقة متوسطة من سوق المنتج (دوبلكس كرومو) وسوق مستلزمات الإنتاج الرئيسية (دش الورق ولب الورق المستورد). وتم تقدير تكلفة الحصول على الموقع بما يعادل (2205) ألف جنيه.

ولكي يصبح الموقع جاهزاً لتشغيل المشروع يحتاج إلى ما يأتي :

- إنشاء ثلاثة جمالونات لخط الإنتاج على مساحة 2300م^2 بتكلفة (4200) ألف جنيه.
- إقامة خوازيق بعمق 30م تحت سطح الأرض وبعدد يتراوح بين 500-800 بتكلفة (980) ألف جنيه.
- إنشاء قواعد خرسانية مسلحة وممدات وطرق على مساحة 2600م^2 وبتكلفة (1690) ألف جنيه.
- إنشاء مخزنين على مساحة 800م^2 وبتكلفة (720) ألف جنيه.

- يستلزم تجهيز الموقع توصيل الكهرباء بقوة 2 ميجاوات بالإضافة إلى حفر بئرين مياه، وتجهيز طريق رئيسي للمصنع بطول 300م وتكلفة (5300) ألف جنيه.
- إنشاء مبنى للشؤون الإدارية بتكلفة (1000) ألف جنيه وعلى مساحة 350$م^2$.

ب- الطاقة الإنتاجية المقترحة:

تم اختيار حجم متوسط للطاقة الإنتاجية يعادل 50 طن يومياً من منتج الدوبلكس كرومو (أو ما يعادل 70 طن يومياً من الدوبلكس العادي). كما تم تقدير الطاقة العادية السنوية (بما يعادل 300 يوم عمل في السنة بواقع ثلاث ورديات يومياً) بنحو 15000 طن من الدوبلكس كرومو أو 21000 طن من الدوبلكس العادي. وتبلغ تكلفة الخط الإنتاجي حتى يصبح جاهزاً للإنتاج ما يعادل (44800) ألف جنيه.
ويمكن التمييز بين مراحل مختلفة لخط الإنتاج:
(1) قسم التحضير: حيث يتم تجهيز الطبقة العلوية من دوبلكس كرومو والطبقة السفلية والتي تكون مكوناتها دشت الورق المحلي بنسبة 90% ويستلزم تجهيز الطبقة السفلية بمواد مختلفة تشمل عجان وصفائح وقلاب حوض العجينة اضافة إلى حوض العجينة .. الخ. أما الطبقة العليا والتي تتعلق بالدشت المحلي فإن تحضيرها يستلزم مواد عديده ومختلفة لا مجال لذكرها هنا.
(2) خط الإنتاج الرئيسي: ويتكون من قسمين البارد والساخن وكل منهما يتطلب مستلزمات مختلفة.

ج- النسب الفنية للإنتاج:

يستلزم انتاج الدوبلكس كرومو 95 طن ورق دشت زائداً 1طن لب ورق لكل طن واحد من الدوبلكس كرومو. وعليه تم اعتماد الإحتياجات السنوية من مستلزمات الإنتاج الرئيسية لإنتاج ما يعادل 15000 طن من الدوبلكس كرومو كالآتي:

الاحتياجات السنوية من لب الورق= 15000× 0.1 = 1500 طن

الاحتياجات السنوية من ورق الدشت = 15000 × 0.95 = 14250 طن

وفي ضوء الأسعار المقرره للب الورق المستورد أن السعر السائد للأسواق المحلية يعادل (2800) جنيه للطن. وبهذا فإن تكلفة الإحتياجات السنوية من لب الورق = 1500 × 2800 = (4200) ألف جنيه.

أما سعر دشت الورق فإنه يبلغ 300 جنيه للطن وأن تكلفة الاحتياجات السنوية منه = 14250 × 300 = 4275 ألف جنيه سنوياً .

د- الهيكل الإداري والتنظيمي المقترح:

تقترح الدراسة أن يتم إدارة وتشغيل المصنع من خلال خمسة أقسام إدارية انتاجيه وخدمية تشتمل:

(1) قسم الإنتاج والجودة.

(2) قسم البيع والترويج.

(3) قسم الشؤون المالية.

(4) قسم العلاقات العامة.

(5) وحدة الإدارة العليا – ويرفق بوحدة الإدارة وحدة معلومات.

(6)

وتتضمن المجموعة خبير فني في الحاسب الآلي وثلاثة موظفين فنيين، وعليه يكون عدد واجمالي أجور ورواتب العاملين السنوية كما يأتي :

جدول رقم (1) إعداد وأجور العاملين السنوية

(الف جنيه)

البيان	العدد	الأجور والمرتبات السنوية
قسم الإنتاج والجودة	12	339.600
وحدة الصيانة الملحقة	7	49.200
وحدة الأمن الصناعي	4	54.000
قسم البيع والحدث	7	55.200
قسم الشؤون المالية	7	82.800
قسم العلاقات العامة	4	38.400
وحدة الإدارة العليا	8	181.200
الإجمالي	49	800.400
متوسط الأجور الشهرية		66.700

أما الحوافز المتوقعة سنوياً فهي ما يعادل أجور ومرتبات ستة أشهر في السنة وكما يأتي :

$400.200 = 6 \times 66.700$

إجمالي المرتبات والأجور والحوافز = 800.400 + 400.200 = (1200) ألف جنيه

3) هيكل التمويل المقترح

قدرت احتياجات المشروع المقترح لتمويل كافة أصولة الثابتة والمتداولة بنحو (74169) ألف جنيه. وبالتالي فإن هيكل التمويل المقترح كالآتي:

أ- تمويل ذاتي (24475) ألف جنيه أو ما يعادل 33% من التكلفة الإستثمارية.

ب- تمويل مصرفي (49694) ألف جنيه أو ما يعادل 66% .

على أن يكون التمويل المصرفي على النحو الآتي:

- قرض مصرفي بالعملة الأجنبية بمبلغ (36000) ألف جنيه.
- قرض بالعملة الوطنيه أو الأجنبية بمبلغ (1680) ألف جنيه.

والجزء المتبقي من القرض يستخدم لتمويل الغلاية وجزء من رأس المال التشغيلي (العامل). مع العلم أن القروض جميعها تسدد بالعملة المحلية، وأن الفوائد تستحق بعد عام من بدء التشغيل، وأن الأقساط تدفع على خمسة مراحل متساوية بعد عام السماح.

4) الدراسة المالية:

في ضوء الدراسة الفنية والتسويقية المذكورة أعلاه فقد تم تقدير البنود الآتية:

أولاً: التكلفة الاستثمارية:

تم تقدير بنود التكلفة الاستثمارية المختلفة استناداً إلى الأسعار السائدة والعروض المقدمة عن خط الإنتاج من قبل الموردين الأجانب.

والجدول رقم (2) أدناه يوضح التكاليف الاستثمارية.

ويظهر من الجدول المذكور أن إجمالي التكاليف الاستثمارية بلغ نحو (74169) ألف جنيه يتوزع على سنتين 52407 في عام 1995 أو 21820 في عام 1996. ومن ضمن اجمالي التكاليف المذكورة منها 2205 ألف جنيه قيمة الأراضي ونحو 4310 ألف جنيه لرأس المال التشغيلي (العامل)، والباقي يمثل عدد وأدوات وانشاءات.

حساب رأس المال التشغيلي:

تم حساب قيمة رأس المال التشغيلي بما يعادل تكلفة ستة شهور من تكلفة الإنتاج الأولى والتي تعمل بطاقة انتاجية 80%.

تكاليف التشغيل الجارية في السنة الأولى = 8620 × $\frac{6}{12}$ = 4310 ألف جنيه

ويشار هنا إلى أن المشروع سوف يقوم بتخزين ما يعادل احتياجات المشروع لمدة ثمانية شهور على الأقل، ولكننا اكتفينا بحساب ما يعادل ستة شهور فقط لحساب رأس المال التشغيلي.

جدول رقم (2) بيان التكلفة الاستثمارية

(ألف جنيه)

بيان	سنوات		إجمالي
	95/7/1	96/1/1	
قيمة الأراضي	2205		2205
إنشاء جمالونات	4200		4200
إقامة خوازيق	980		980
قواعد خرسانية	1690		1690
إنشاء عدد 2 مخزن	720		720
توصيل مياه وكهرباء	5300		5300
مبنى الشؤون الإدارية	1000		1000
تكلفة الخط المستورد	26880	17920	44800
قمة غلاية بخارية		500	500
مصروفات تأسيس وإعلانات	1722		1722
رأس المال العامل	4310		4310
احتياطي ارتفاع الأسعار	4494	2248	6742
المجموع	52407	21820	74169

حساب احتياطي ارتفاع الأسعار:

تم حساب احتياطي ارتفاع أسعار بما يعادل 10% من التكلفة الاستثمارية والتي تم تقديرها بما يعادل (67427) ألف جنيه في الجدول رقم (2).

وبناء عليه فإن احتياطي ارتفاع الأسعار سوف يعادل (6742) ألف جنيه.

ثانياً: الإيرادات المتوقعة:

استناداً إلى دراسة الجدوى التسويقية وفي ضوء الطاقة الإنتاجية العادية لخط الإنتاج فقد تم تقدير المبيعات المتوقعة بما يعادل الإنتاج السنوي للمصنع وقد تم تقدير الطاقة الإنتاجية في السنة الأولى للإنتاج ومن ثم المبيعات بما يعادل 80% من الطاقة الإنتاجية الجارية. وقد تم الإعتماد على الأسعار السائدة لمنتج دوبلكس كرومر. وبناء على ذلك تم تقدير الإيرادات المتوقعة كما يأتي:

الإيرادات المتوقعة = كمية الإنتاج السنوي × الأسعار المتوقعة

= 1500 × 2800 = 42000 ألف جنيه.

أما في السنة الأولى فإن قيمة المبيعات المتوقعة تعادل 33600 ألف جنيه كما موضح في الجدول رقم (3).

ثالثاً: تكاليف التشغيل :

تم تقدير هذه التكاليف بناء على الأسعار السائدة والمتوقعة، حيث قدرت تكلفة الطن من منتج دوبلكس كرومو كالآتي:

تكلفة لب الورق المستورد 280 للطن من دوبلكس كرومو

تكلفة دشت الورق 285 للطن من دوبلكس كرومو

تكلفة العماله 80 جنيه للطن من دويلكس كرومو

جدول 3

تقديرات الأرباح خلال سنوات التشغيل

بيان	1	2	3	4	5	6	7	8	9	10
الايرادات السنوية المتوقعة	336600	42000	42000	42000	42000	42000	42000	42000	42000	42000
تكاليف الإنتاج المتوقعة	8620	10950	10950	11150	11550	11700	11700	12200	12200	12200
أقساط الاهلاك	6464	6464	6464	6464	6464	5280	5280	5280	5280	5280
إجمالي التكاليف	15084	17414	17414	17614	18014	16980	16980	17480	17480	17480
الربح قبل الفوائد	18515	24586	24586	24386	243986	25020	25020	24520	24520	24520
الفوائد	5500	5500	4400	3300	2200	1100				
الربح بعد الفوائد	13015	19086	20186	20186	21786	23920	25020	24520	24520	24520
الضريبة المستحقة	6276	9185	9713	10145	10481	11506	12034	11794	11794	11794
الربح القابل للتوزيع	6739	9901	10473	10941	11305	12414	12986	12726	12726	112937
الربح المخصوم	6435.745	8029.711	7655.763	7199.178	6703.865	6629.076	6246.266	5510.358	4963.14	1129307
معامل الخصم	0.995	0.811	0.731	0.658	0.593	0.534	0.481	0.433	0.390	0.352

كهرباء وأصباغ 55 جنيه للطن من دويلكس كرومو
مازوت وسولار 5 جنيه للطن.
مصروفات أخرى إدارية وبيعية 5 جنية للطن.

مصاريف الصيانة بما يعادل 17 جنيه في الثلاث سنوات الأولى، ثم تتزايد إلى 30 جنيه في السنة الرابعة وإلى 56 جنيه في السنة الخامسة ثم إلى 66 جنيه للطن في السنه السادسة والسابعة، وتصل إلى 100 جنيه للطن في السنوات الأخيرة.

وتم تقدير تكلفة التأمين على المشروع المقترح بما يعادل سنوياً 5.3 جنيه للطن من دوبلكس كرومو. والجدول رقم (4) يوضح بنود التكلفة التشغيلية المتوقعة.

أقساط الإهلاك:

تراوحت نسب الإهلاك بين 5% و 20% وهذا يتفق مع العرف المحاسبي في هذا المجال. فقد بلغت نسبة الإهلاك 20% للجملونات ولمصروفات التأسيس، فيما بلغت 10% لخط الإنتاج. أما الخوازيق والمخازن والقواعد الخرسانية والمبنى الإداري فكانت نسبة الاهلاك نحو 5%.

الجدول الملحق رقم (1) يوضح نسب الإهلاك وأقساط الإهلاك.
والجدول الملحق رقم (2) يبين التدفقات النقدية السنوية
الجدول الملحق رقم(3) يبين قائمة الدخل السنوي
وأخيراً يبين الجدول الملحق رقم (4) التدفقات النقدية خلال سنوات التشغيل فقط.

جدول 4

تكاليف التشغيل المتوقعة

بيان	96/7/1	97/7/1	98/7/1	99/7/1	2000/7/1	2001/7/1	2002/7/1	2003/7/1	2004/7/1	2005/7/1
تكاليف جارية نقدية										
مستلزمات إنتاج (لب مستورد)	3360	4200	4200	4200	4200	4200	4200	4200	4200	4200
مستلزمات إنتاج (دشت ورق)	3420	4275	4275	4275	4275	4275	4275	4275	4275	4275
مياه.. كهرباء.. أصباغ	660	825	825	825	725	825	825	825	825	825
تكلفة عمالة	960	1200	1200	1200	1200	1200	1200	1200	1200	1200
تكلفة مازوت وسولار	60	75	75	75	75	75	75	75	75	75
مصاريف الصيانة	50	250	250	450	850	1000	1000	1500	1500	1500
تأمين على المشروع	50	50	50	50	50	50	50	50	50	50
مصروفات أخرى (إدارية)	60	75	75	75	75	75	75	75	75	75
إجمالي تكاليف جارية نقدية	8620	10950	10950	11150	11550	11700	11700	12200	12200	12200

* مستلزمات الإنتاج (لب مستورد) = 15000 × 2800 × 0.1 × 80% طاقة = 3360
* مستلزمات الإنتاج (دشت ورق) = 15000 × 300 × 0.95 × 80% طاقة = 3420

مؤشرات الربحية التجارية والإقتصادية

استناداً إلى البيانات والمعلومات الوارده في الجداول المذكورة آنفاً وبصفة خاصة جدول رقم (5) يمكن احتساب عدد من المؤشرات وكالآتي:

أولاً: العائد المحاسبي

وهنا يمكن احتساب عدد من مؤشرات العائد المحاسبي لحقوق الملكية (قبل الخصم وبعد الخصم) وكذلك العائد المحاسبي للأصول الثابتة (قبل الخصم وبعد الخصم) وكالآتي:

(1) معدل العائد المحاسبي لحقوق الملكية (قبل الخصم)

= متوسط صافي الربح النقدي القابل للتوزيع خلال سنوات التشغيل / قيمة حقوق الملكية

$$= \frac{17165.5}{24475.8} = \%70.1$$

يشار إلى أن رقم البسط مستمد من جدول رقم (5) والمقام من هيكل التمويل.

(2) معدل العائد المحاسبي لحقوق الملكية (بعد الخصم).

$$= \frac{9964.4}{2475.8} = \%40.3$$

وهنا فان رقم البسط مستمد من جدول رقم (5) ورقم المقام كما في أعلاه.

(3) معدل العائد المحاسبي للأصول الثابتة (قبل الخصم)

= متوسط صافي الربح النقدي القابل للتوزيع خلال سنوات التشغيل / الأصول الثابتة (ماعدا الأراضي)

$$= \frac{17165.8}{67654} = \%25.4$$

جدول 5

الأرباح النقدية المتوقعة

...بان	1	2	3	4	5	6	7	8	9
... السنوية ...وقعة	33600	42000	42000	42000	42000	42000	42000	42000	42000
... الإنتاج ...وقعة	8620	10950	10950	11150	11550	11700	111700	12200	12200
...ندي قبل	24980	31050	31050	30850	30450	30300	30300	29800	29800
...نوية	5500	5500	4400	3300	2200	1100	-	-	-
...ندي بعد	19480	25550	26650	27550	28250	29200	30300	29800	29800
...ستحقة	6276	9185	9713	10145	10481	11506	12034	11794	11794
...ربح القابل	13204	16365	16937	17405	17769	17694	18266	18006	18006
المخصوم	12609.82	13272.015	12380.947	11452.49	10537.07	9448.596	8785.946	7796.598	7022.34
...صم 11%	0.955	0.811	0.731	0.658	0,953	0.534	0.481	0.433	0.390

وهنا فان رقم البسط كما في أعلاه، ورقم المقام من جدول رقم (2) ومطروح منه قيمة الأراضي ورأس المال التشغيلي.

(4) معدل العائد المحاسبي للأصول الثابتة (بعد الخصم).

= متوسط صافي الربح النقدي المخصوم القابل للتوزيع خلال سنوات التشغيل / الأصول الثابتة

= 9964.4 / 67654 = 14.7%

ومن هذه المعدلات يتبين بأن معدل العائد (الربح) لحقوق الملكية يتراوح بين 70.1% قبل الخصم ونحو 40.3% بعد الخصم، أما معدل العائد للأصول الثابتة فقط فأنها تتراوح بين 25% و 14.7% قبل الخصم وبعد الخصم وهذه معدلات مرتفعه الربحية وتعكس جدوى المشروع.

ثانياً: فترة الاسترداد

(1) : فترة استرداد حقوق الملكية (قبل الخصم)

= حقوق الملكية / متوسط العائد النقدي القابل للتوزيع

$$= \frac{24475}{17165.8} = 1.43$$ سنة، أي سنه ونصف تقريباً

(2): فترة استرداد حقوق الملكية (بعد الخصم)

= حقوق الملكية / متوسط العائد النقدي القابل للتوزيع

$= \frac{24475}{9964.4} = 2.4$ سنة، أي سنتان ونصف تقريباً .

ويتضح بأن فترة استرداد رأس المال المملوك تتراوح بين سنة ونصف قبل الخصم وسنتين ونصف بعد الخصم، وهذه فترة قصيرة بكل المقاييس مما تعكس جدوى وربحية المشروع.

ثالثاً: صافي القيمة الحالية (NPV) للمشروع

بالرجوع إلى الجدول رقم (5) نحصل على مجموع القيمة الحالية للعوائد السنوية الصافية خلال سنوات تشغيل المشروع، وإلى الجدول (1-أ) للحصول على القيمة الحالية للنفقات الاستثمارية (عدا الأراضي). وعليه فإن احتساب صافي القيمة الحالية للمشروع يكون كالآتي :

مجموع القيمة الحالية للعوائد السنوية الصافية خلال سنوات التشغيل - القيمة الحالية للنفقات الاستثمارية (عدا الأراضي) تساوي :

= 99643.9 - 71964 = 72679.9 ألف جنيه

أي أن المشروع يحقق صافي قيمة حالية موجبة وعالية جداً عند سعر الخصم المعتمد وهو 11% . وهذا يشير إلى أن المشروع يتمتع بربحية عالية.

رابعاً: معدل العائد الداخلي IRR

من خلال القيمة المرتفعة جداً لصافي القيمة الحالية للمشروع يظهر بأن المشروع يحقق معدل عائد داخلي مرتفع، ولو تتبعنا صافي القيمة الحالية للمشروع تحت معدلات خصم مختلفة يتبين لنا الآتي:

معدل الخصم	صافي القيمة الحالية للمشروع بالألف الجنيهات
%11	72679.9
%15	17966.0
%18	13889.0
%28	6156.0
%36	3358.0

وهكذا يتبين لنا بأن معدل العائد الداخلي (IRR) هو أكبر من 36%، لأن مثل هذا المعدل يبقي صافي القيمة الحالية موجبة وقيمتها تبلغ 3358 ألف جنيه، وهذا معناه أن معدل العائد الداخلي يكون أكبر من 36% وهو مرتفع مما يعكس جدوى المشروع.

جدول ملحق رقم (1)

الاستهلاكات

بيان	تكلفة	المعدل	عدد السنوات	إجمالي التكلفة	القسط السنوي
جمالونات مصروفات تأسيس	4200 1722	%20	5	5922	1184.4
خط الإنتاج المستورد غلاية بخارية توصيل كهرباء	44800 500 5300	%10	10	50600	5060
إقامة خوازيق مخازن قواعد خرسانية مبنى إداري	980 720 1690 1000	%5	20	4390	219.50

قيمة قسط الإهلاك خلال الخمس سنوات الأولى من حياة المشروع 6463.9 ألف جنيه.

قيمة قسط الإهلاك خلال الخمس سنوات التالية من حياة المشروع 5279.5 ألف جنيه.

جدول ملحق رقم (2)
قائمة التدفقات النقدية السنوية

البيان السنوات	1 %75	2	3	4	5	6	7	8	9	10
التدفقات الداخلة										
الإيرادات	388	518	518	518	518	518	518	518	518	518
القرض	106									
استرداد رأس المال العامل										37
القيمة المتبقية										22.3
جملة التدفقات الداخلة	494	518	518	518	518	518	518	518	518	577.3
التدفقات الخارجة										
التكاليف الاستثمارية	207				16.3					
تكاليف التشغيل	265	354	354	354	354	354	354	354	354	354
خدمة الدين	12.7	44.0	44.0	44.0	-	-	-	-	-	-
الضرائب	24.3	29.8	30.6	31.5	32.6	32.8	32.9	32.9	32.9	32.9
جملة التدفقات الخارجة	509.0	427.8	428.6	429.5	402.9	386.8	386.9	386.8	386.8	386.8
صافي التدفقات	(15.0)	90.2	89.4	88.5	115.1	131.2	131.1	131.1	131.1	190.4

* عمرات آلات وأدوات

جدول ملحق رقم (3)
قائمة الدخل السنوي

البيان السنوات	1 %75	2	3	4	5	6	7	9-8	10
الإيرادات	388	518	518	518	518	518	518	518	518
تكاليف التشغيل	265	354	354	354	354	354	354	354	354
الإهلاك	15.9	15.9	15.9	15.9	15.9	14.6	14.6	14.6	14.6
جملة التكاليف	280.9	369.9	369.9	369.9	369.9	368.6	368.6	368.6	368.6
الربح الإجمالي	107.1	148.1	148.1	148.1	148.1	149.4	149.4	149.4	149.4
الفوائد	12.7	12.7	9.0	4.8	-	-	-	-	-
الربح الخاضع للضريبة	94.4	135.4	139.1	143.4	148.1	149.1	149.4	149.4	149.4
الضرائب 22%	20.3	29.8	30.6	31.5	32.6	32.8	32.9	32.9	32.9
الربح الصافي	73.6	105.6	108.5	111.9	115.5	116.3	116.5	116.5	116.5

* المشروع يعمل بطاقة 75% في العام الأول

جدول ملحق 4

جدول التدفقات النقدية خلال سنوات التشغيل فقط

بيان	1	2	3	4	5	6	7	8	9	10
تدفقات نقدية داخلة										
إيرادات متوقعة	33600	42000	42000	42000	42000	42000	42000	42000	42000	42000
إجمالي تدفقات داخلة	33600	42000	42000	42000	42000	42000	42000	42000	42000	42000
تدفقات نقدية خارجة										
تكاليف استثماريه										
تكاليف جارية نقدية	8620	10950	10950	11150	11550	11700	111700	12200	12200	12200
فوائد قرض	5500	5500	4400	3300	2200	1100	-	-	-	-
أقساط القرض	-	10000	10000	10000	10000	10000	-	-	-	-
الضرائب	6276	9185	9713	10145	10481	11506	12034	11794	11794	11794
إجمالي تدفقات خارجة	20396	35635	35063	34595	34231	34306	23734	23994	23994	23994
صافي تدفق نقدي	13204	6365	6937	7405	7769	7694	18266	18006	18006	18006
صافي تدفق متراكم	13204	19569	26506	33911	41680	49374	67690	85746	103802	121858

دراسة جدوى مشروع انتاج حامض الخليك من المولاس(*)

هدف المشروع ونشاطاته الرئيسية.

يهدف المشروع إلى انتاج حامض الخليك من المولاس وذلك ضمن منشأة السكر في جنوب العراق. والمولاس هو الناتج العرضي من تصنيع السكر ويقدر الإنتاج بواقع 2000 طن سنوياً وذلك بموجب المواصفات العالمية (ISO) وبما يتجاوب مع توجهات الطلب في السوق المحلي والأسواق الدولية. وفضلاً عن ذلك يقدم المشروع خدمات التدريب والاستشارات للعاملين في النشاطات الإنتاجية (المرتبطة فنياً) ولطلبة وكوادر الكليات والمعاهد والمدارس الزراعية ويقع المشروع ضمن موقع معامل السكر القائمة.

المبررات الفنية والاقتصادية

هناك العديد من المبررات الفنية والاقتصادية لتأسيس هذا المشروع أهمها:

1. أن التكنولوجيا المعتمدة في الإنتاج شائعة ومعروفة، ولا تتطلب معدات بالغة التعقيد، حيث يمكن تصنيعها محلياً. ويمكن الإفادة من بعض موجودات الشركة القائمة، وخاصة الطاقة الكهربائية والمياه للإستعمالات الصناعية. وفضلاً عن ذلك لا توجد حقوق معرفة الأداء (Know - How) وبراءة الاختراع. ويمكن توفير العاملين الفنيين الماهرين محلياً دون تكاليف إضافية تذكر.

(*) أخذت الحالة الدراسية هذه (مع بعض التعديلات والتصرف) من: د. هوشيار معروف، مرجع سابق، ص ص 237-250 .

2. أن المشروع سيسهم في استثمار المولاس الذي هو ناتج عرضي، وبالتالي فإن الكفاءة الحدية لرأس المال المستثمر في صناعة السكر (الربحية) سترتفع، ويدخل نشاط معطل سابقاً ضمن نشاطات الشركة، مما يشكل تكاملاً عمودياً لإحدى الصناعات التحويلية في البلد، ويعزز الارتباطات الصناعية بين صناعة السكر والصناعات الأخرى مثل النسيجية والجلدية والمطاطية الخ.
3. أن المشروع سوف يعوض عن الاستيرادات الحالية والبالغة بحدود 360 ألف دولار.
4. هناك امكانية كبيرة لهذا المشروع أن يكون تنافسياً لاعتماده على مواد أولية موقعية مما ينعكس ايجابياً على الصناعات التي تستخدم هذا المنتج كمستلزمات أولية لإنتاجها
5. أن تحويل فوائض مادة المولاس إلى حامض الخليك سيريد من الموارد المالية للشركة.

الطاقة الانتاجية والطلب

المشروع يهدف إلى انتاج 1500 لتر من حامض الخليك في اليوم وبنسبة تركيز 95% فأكثر باستخدام المولاس وبحدود 9 طن/يوم. وعليه فإن انتاج 900 طن سنوياً من الكحول الأثيلي الذي يحول إلى 450 ألف لتر من حامض الخليك يتطلب استخدام 2700 طن من المولاس (على أساس تشغيل المصنع لمدة 300 يوم في السنة).

وبخصوص الطلب فإن بإمكان المشروع تغطية الطلب المحلي البالغ 420 طن من حامض الخليك سنوياً. ونظراً لإمكانات الطاقة الإنتاجية والكفاءة الإدارية والبيئية والاقتصادية يمكن عرض الإنتاج بأقل من السعر الجاري الذي يتراوح بين (2000-2800) دينار/للتر الواحد. وتشير إحدى الدراسات إلى أن طلب القطاع

العام لوحده في العام 1999 كان بحدود 250 طن في السنة، ويتوزع بين الصناعات النسيجية والصوفية والجلود والأدوية وغيرها. أما في القطاع الخاص فإن الطلب الكلي يقدر بحوالي 170 طن في العام المذكور وبذلك فإن اجمالي الطلب الكلي يبلغ بحدود 420 طن.

التكاليف والإيرادات:

قدرت التكاليف الاستثمارية الثابتة للمشروع نحو 750 مليون دينار تتوزع على الفقرات المختلفة كما يأتي:

جدول رقم (1) التكاليف الاستثمارية الثابتة (مليون دينار)

التسلسل	التفاصيل	المبلغ الكلي	المتوسط السنوي
1	المكائن والمعدات	500	50
2	أعمال الهندسة المدنية	100	10
3	النصب والتركيب	60	6
4	الأدوات الاحتياطية	60	6
5	الدراسات والتصاميم	25	2.5
6	الخدمات الاستشارية	5	0.5
	المجموع	750	75

وعلى افتراض أن عمر الجهاز الانتاجي هو (10) سنوات فإن التكلفة الثابتة السنوية تكون 75 مليون دينار.

أما التكاليف المتغيرة (التشغيلية للسنة الواحدة) فقد قدرت بنحو 379.7 مليون دينار، وبذلك يكون مجموع التكاليف الكلية السنوية نحو 454.7 مليون دينار. وفي المقابل فإن اجمالي الإيرادات السنوية على وفق السعر الجاري تكون

900 مليون دينار، إلى جانب الإيرادات التي تأتي من خدمات التدريب والاستشارات والبحوث.

جدول رقم (2) التكاليف المتغيرة (التشغيلية) السنوية

التسلسل	التفاصيل	المبلغ (مليون دينار)
1	الأجور والرواتب	9.0
2	المواد الأولية (المولاس)	297
3	المواد المساعدة	41.4
4	الكهرباء	1.6
5	الماء	1.6
6	البخار	18.9
7	التكاليف غير المنظورة	10.2
	المجموع	379.7

مستلزمات المشروع من المواد والعمالة

قدرت قيمة المستلزمات من المواد المختلفة خلال السنة الواحدة بنحو 370.7 مليون دينار تتوزع على المولاس واليوريا وفوسفات الأمونيوم وحامض الكبريتيك ومانع الرغوة والماء والكهرباء والبخار والتكاليف غير المنظورة وكما يأتي:

جدول رقم (3) مستلزمات انتاج المشروع خلال السنة

التسلسل	التفاصيل	الكمية/طن	السعر/ألف دينار	المبلغ/مليون دينار
1	المولاس	2700	110	297
2	اليوريا	60	50	3
3	فوسفات الأمونيوم	30	122	36.6
4	حامض الكبريتيك	24	23	0.552
5	مانع الرغوه	1.2	1000	1.2
6	ماء	32400 $م^3$	5 دنانير	1.620
7	كهرباء	40000 كيلو واط	3 دنانير	1.620
8	بخار	1080000 طن	175 دينار	18.9
9	غير منظورة			10.224
	المجموع			370.716

أما حاجة المشروع من العاملين ورواتبهم فإن اجمالي عدد العاملين قدر بنحو 25 شخصاً بين عامل وفني وإداري وبأجور سنوية قدرت 9000 ألف دينار وعلى النحو الآتي:

التسلسل	المؤهل	العدد	الراتب السنوي (ألف دينار)
1	بكالوريوس	1	360
2	دبلوم	3	1080
3	ميكانيكي	4	1440
4	كهربائي	2	720
5	مشغل	15	5400
	مجموع	25	9000

معايير الجدوى الاقتصادية

1. الربح السنوي الصافي (غير المخصوم):

ويمثل الفرق بين الإيرادات الكلية والتكاليف الكلية خلال السنة وهي:

900 - 454.7 = 445.3 مليون دينار

وعليه فإن نسبة الربح إلى الإيراد الكلي = 49.5% ، وهي نسبة مرتفعة بكل المقاييس.

2. معدل العائد البسيط

ويتحدد من خلال نسبة الإيراد السنوي إلى التكلفة السنوية أو إلى التكلفة الثابتة وكما يأتي:

أ- معدل العائد إلى التكلفة الكلية السنوية = $\frac{900}{454.7} = 1.98$

ب- معدل العائد إلى التكلفة الثابتة = $\frac{900}{750} = 1.20$

وبهذا فإن معدل العائد يفوق الواحد صحيح مما يشير إلى ربحية المشروع.

3. فترة استرداد تكاليف الاستثمار الأولية.

وتساوي = $\frac{\text{مجموع التكاليف الأولية للاستثمار}}{\text{الربح الصافي المتوسط للسنة الواحدة}}$

$$= \frac{750}{445.3} = 1.68$$

وهكذا فإن المشروع يسترد تكاليفه الاستثمارية خلال حوالي سنة و8 شهور و 8 أيام وهذه فترة قصيرة جداً.

4. القيمة المضافة الصافية ومعدل التصنيع

وهي تمثل الفرق بين قيمة الإنتاج وقيمة المستلزمات وتساوي:

900.000 - 370.716 = 529.2 مليون دينار

إن معدل التصنيع = $\frac{529.2}{900}$ = 58.5%

5. القيمة الحالية الصافية (NPV) خلال سنوات عمر المشروع:

وهي القيمة المخفضة بمعدل خصم للربح الصافي السنوي، أو القيمة الحالية لصافي التدفق النقدي (الداخل والخارج) على مدى عمر المشروع.

وبإفتراض معدل خصم يبلغ 15% فإن معامل الخصم المقابل (والذي نحصل عليه من الجداول الخاصة بالقيمة الحالية) يضرب في قيمة صافي التدفق النقدي لكل سنة من سنوات عمر المشروع ثم نجمع الناتج لنحصل على القيمة المضافة الصافية (NPV) .

وعند تطبيق هذه الطريقة على الأرقام المعنية نحصل على صافي القيمة الحالية والبالغة 1901 مليون دينار. ويشار إلى أن معيار (NPV) يعطي الحجم الكلي للقيمة المضافة الصافية ولا يربط ذلك مع حجم الاستثمار. ولهذا الغرض يتم استخراج معامل القيمة المضافة الصافية وذلك بقسمة القيمة المضافة الصافية على القيمة الحالية للاستثمار وكما يأتي (من اليسار):

$$\frac{NPV}{I} = \frac{1902}{750} = 2.5$$

أي أن وحدة من الاستثمار تعطي 2.5 وحدة من القيمة المضافة. وحيث أن القيمة المضافة الصافية موجبة (1902) فإن المشروع يكون مقبولاً ومربحاً.

6. معدل العائد الداخلي (IRR)

وهو المعدل الذي يخفض القيمة الحالية الصافية لربح المشروع إلى الصفر، ويقارن هذا المعدل بمعدل قياسي والذي يساوي أو يقترب من أسعار الفوائد على القروض طويلة الأجل. ولابد من أن يكون المعدل المذكور والخاص بالمشروع أعلى من المعدل القياسي.

معدل العائد الداخلي =

معدل الخصم الأدنى + NPV عند معدل الخصم الأدنى (الفرق بين معدلي الخصم الأعلى والأدني)

NPV عند معدل الخصم الأدنى - NPV عند معدل الخصم الأعلى

وعند التطبيق:

$$IRR = 0.80 + \frac{1.01(0.81-0.80)}{1.01-(-0.96)} = 0.80 + 0.005 = 0.805$$

وبالنسبة المئوية = 80.5%

وهو معدل مرتفع ويزيد عن سعر الفائدة على القروض طويلة الأجل وهكذا فإن جميع المؤشرات تشير إلى ربحية المشروع وبالتالي جدواه الاقتصادية.

المراجع

أولاً: المراجع باللغة العربية

1. الربيعي، عباس، مقدمة في تقييم المشروع الاستثماري وتحليل الجدوى الاقتصادية له، دار البشير، عمان، 2005 .
2. العيساوي، د. كاظم جاسم، دراسات الجدوى الاقتصادية وتقييم المشروعات، دار المناهج، الطبعة الأولى 2002 .
3. القريشي، د. مدحت، الاقتصاد الصناعي، دار وائل للنشر والتوزيع، الطبعة الثانية (طبعة محكمة)، مزيدة ومنقحة، عمان، 2005، ص ص20-24.
4. المنظمة العربية للتنمية الصناعية ومنظمة الأمم المتحدة للتنمية الصناعية، دليل التقييم والمفاضلة بين المشروعات الصناعية للدول العربية، تونس، 1980.
5. بشاري، محمد شوقي، الجدوى الاقتصادية للمشروعات الاستثمارية، دار الفكر العربي، القاهرة، 1985.
6. جلال، أحمد فهمي، تقييم المشروعات الاقتصادية، مطبعة دار التاليف، القاهرة، 1997 .
7. عبد القادر، د. محمد عبد القادر، دراسات الجدوى التجارية والاقتصادية والاجتماعية مع مشروعات BOT، الدار الجامعية، الاسكندرية، 2005 .
8. عبد الله، د. عقيل جاسم، مدخل في تقييم المشروعات، الجدوى الاقتصادية والفنية وتقييم جدوى الأداء، دار ومكتبة الجامعة للنشر والتوزيع، عمان - الأردن، 1999 .

9. عثمان، سعيد عبد العزيز، دراسات جدوى المشروعات بين النظرية والتطبيق، الدار الجامعية، 2000 .

10. علام، د. سعدي طه، دراسات الجدوى الاقتصادية وتقييم المشروعات، الطبعة الثانية، 1999 .
11. عبد العظيم، د. حمدي، دراسات الجدوى الاقتصادية وتقييم أصول المشروعات، مؤسسة شباب الجامعة، الاسكندرية، 2007 .
12. عبد العزيز، د. سمير، دراسات الجدوى الاقتصادية وتقييم المشروعات، مكتبة النهضة المصرية، القاهرة، 1995 .
13. لطفي د. أمين السيد احمد، دراسة جدوى المشروعات الاستثمارية، الدار الجامعية، 2005.
14. معروف، د. هوشيار، دراسات الجدوى الاقتصادية وتقييم المشروعات، دار صفاء للنشر والتوزيع، عمان، 2003 .

ثانياً: المراجع باللغة الانجليزية

15. Dasgupta, Partha., Acomparative. Analysis of the UNIDO Guidelines and the OECD Manual, Bulletin of the Oxford University Institute of Economics and Statistics, vol.34, no.1 (Feb.1972),PP 33-52 .

16. Dasgupta, Partha, and Joseph E. Stiglitz, Benefit – Cost Analysis and Trade Policies, JPE, Vol 82, No. 1 (Jaruary – February 1974), PP 1-33.

17. Hawkins, C.J. and D.W.Pearce, Capital Investment Appraisal, Macmillan Studies in Economics, 1971 .

18. Lal, Deepak, Methods of Project Analysis, Areview, World Bank Staff Occational Papers no. 16, Washington D.C World Bank 1974.

19. Layard, Richard, ed, Cost-Benefit Analysis Penguin Modern Economics Readings. Harmondsworth Middlesex, England: Penguin Books, 1972.

20. Little, I.M.D., and J.A. Mirrlees, Project Appraisal and Planning for the Developing Countries, London,Heinemann Educational Books,1974.

21. Lyn Squire and Herman G.Vander Tak, Economic Analysis of Projects, Aworld Bank Research Publication, 1975.

22. United Nations Industrial Development Organisation, Guidelines for Project. Evaluation, New York, U.N, 1972.

كتب صدرت للمؤلف

1. الحماية والنمو الصناعي في العراق، دراسة نظرية- تطبيقية للفترة 1960-1976، المؤسسة العربية للدراسات والنشر، بيروت، الطبعة الأولى،.1982
2. ملامح الاقتصاد الصناعي في العراق، منظمة الخليج للاستشارات الصناعية، سلسلة رقم (6) الدوحة قطر 1989 .
3. الاقتصاد الصناعي، دار وائل للنشر والتوزيع، الطبعة الأولى، عمان، الأردن 2001 .
4. الاقتصاد الصناعي، دار وائل للنشر والتوزيع، الطبعة الثانية طبعة محكمة- مزيده ومنقحه، دار وائل للنشر والتوزيع، عمان، الأردن، 2005 .
5. التنمية الاقتصادية: نظريات وسياسات وموضوعات، الطبعة الأولى، دار وائل للنشر والتوزيع، عمان، الأردن 2007 .
6. اقتصاديات العمل، دار وائل النشر والتوزيع، الطبعة الأولى، عمان-الأردن 2007 .
7. تطور الفكر الاقتصادي، دار وائل للنشر والتوزيع، الطبعة الأولى، عمان-الأردن 2008 .
8. وأخيراً الكتاب الحالي- دراسات الجدوى الاقتصادية وتقييم المشروعات الصناعية، دار وائل للنشر والتوزيع، الطبعة الأولى، 2009 .

n \ r	2%	3%	4%	5%	5½%	6%	6½%	7%	7½%	8%
1	0.980	0.971	0.962	0.952	0.948	0.943	0.939	0.935	0.930	0.926
2	0.961	0.943	0.925	0.907	0.898	0.890	0.882	0.873	0.865	0.857
3	0.942	0.915	0.889	0.864	0.852	0.840	0.828	0.816	0.805	0.794
4	0.924	0.888	0.855	0.823	0.807	0.792	0.777	0.763	0.749	0.735
5	0.906	0.863	0.822	0.784	0.765	0.747	0.730	0.713	0.697	0.681
6	0.888	0.837	0.790	0.746	0.725	0.705	0.685	0.666	0.648	0.630
7	0.871	0.813	0.760	0.711	0.687	0.665	0.644	0.623	0.603	0.583
8	0.853	0.789	0.731	0.677	0.652	0.627	0.604	0.582	0.561	0.540
9	0.837	0.766	0.703	0.645	0.618	0.592	0.567	0.544	0.522	0.500
10	0.820	0.744	0.676	0.614	0.585	0.558	0.533	0.508	0.485	0.463
11	0.804	0.722	0.650	0.585	0.555	0.527	0.500	0.475	0.451	0.429
12	0.788	0.701	0.625	0.557	0.526	0.497	0.470	0.444	0.420	0.397
13	0.773	0.681	0.601	0.530	0.499	0.469	0.441	0.415	0.391	0.368
14	0.758	0.661	0.577	0.505	0.473	0.442	0.414	0.388	0.363	0.340
15	0.743	0.642	0.555	0.481	0.448	0.417	0.389	0.362	0.338	0.315
16	0.728	0.623	0.534	0.458	0.425	0.394	0.365	0.339	0.314	0.292
17	0.714	0.605	0.513	0.436	0.402	0.371	0.343	0.317	0.292	0.270
18	0.700	0.587	0.494	0.416	0.381	0.350	0.322	0.296	0.272	0.250
19	0.686	0.570	0.475	0.396	0.362	0.331	0.302	0.277	0.253	0.232
20	0.673	0.554	0.456	0.377	0.343	0.312	0.284	0.258	0.235	0.215
21	0.660	0.538	0.439	0.359	0.325	0.294	0.266	0.242	0.219	0.199
22	0.647	0.522	0.422	0.342	0.308	0.278	0.250	0.226	0.204	0.184
23	0.634	0.507	0.406	0.326	0.292	0.262	0.235	0.211	0.189	0.170
24	0.622	0.492	0.390	0.310	0.277	0.247	0.221	0.197	0.176	0.158
25	0.610	0.478	0.375	0.295	0.262	0.233	0.207	0.184	0.164	0.146
26	0.598	0.464	0.361	0.281	0.249	0.220	0.194	0.172	0.153	0.135
27	0.586	0.450	0.347	0.268	0.236	0.207	0.183	0.161	0.142	0.125
28	0.574	0.437	0.333	0.255	0.223	0.196	0.171	0.150	0.132	0.116
29	0.563	0.424	0.321	0.243	0.212	0.185	0.161	0.141	0.132	0.107
30	0.552	0.412	0.308	0.231	0.201	0.174	0.151	0.131	0.114	0.099
40	0.453	0.307	0.208	0.142	0.117	0.097	0.081	0.067	0.055	0.046
50	0.372	0.228	0.141	0.087	0.069	0.054	0.043	0.034	0.027	0.021

جدول معاملات خصم (*) $\frac{1}{(1+r)^n}$

9½%	10%	11%	12%	13%	14%	15%	16%	18%	20%	25%	30%
0.913	0.909	0.901	0.893	0.885	0.877	0.870	0.862	0.847	0.833	0.800	0.769
0.834	0.826	0.812	0.797	0.783	0.769	0.756	0.743	0.718	0.694	0.640	0.592
0.762	0.751	0.731	0.712	0.693	0.675	0.659	0.641	0.609	0.579	0.512	0.455
0.696	0.683	0.659	0.636	0.613	0.592	0.572	0.552	0.516	0.482	0.410	0.350
0.635	0.621	0.593	0.567	0.543	0.519	0.497	0.476	0.437	0.402	0.328	0.269
0.580	0.564	0.535	0.507	0.480	0.456	0.432	0.410	0.370	0.335	0.262	0.207
0.530	0.513	0.482	0.452	0.425	0.400	0.376	0.354	0.314	0.279	0.210	0.159
0.484	0.467	0.434	0.404	0.376	0.351	0.327	0.305	0.266	0.233	0.168	0.123
0.442	0.424	0.391	0.361	0.333	0.308	0.284	0.263	0.226	0.194	0.134	0.094
0.404	0.386	0.352	0.322	0.295	0.270	0.247	0.227	0.191	0.162	0.107	0.073
0.338	0.350	0.317	0.287	0.261	0.237	0.215	0.195	0.162	0.135	0.086	0.056
0.337	0.319	0.286	0.257	0.231	0.208	0.187	0.168	0.137	0.112	0.069	0.043
0.307	0.290	0.258	0.229	0.204	0.182	0.163	0.145	0.116	0.093	0.055	0.033
0.281	0.263	0.232	0.205	0.181	0.160	0.141	0.125	0.099	0.078	0.044	0.025
0.256	0.239	0.209	0.183	0.160	0.140	0.123	0.108	0.084	0.065	0.035	0.020
0.234	0.218	0.188	0.163	0.141	0.123	0.107	0.093	0.071	0.054	0.028	0.015
0.214	0.198	0.170	0.146	0.125	0.108	0.093	0.080	0.060	0.045	0.023	0.012
0.195	0.180	0.153	0.130	0.111	0.095	0.081	0.069	0.051	0.038	0.018	0.009
0.178	0.164	0.138	0.116	0.098	0.083	0.070	0.060	0.043	0.031	0.014	0.007
0.163	0.149	0.124	0.104	0.087	0.073	0.061	0.051	0.037	0.026	0.012	0.005
0.149	0.135	0.112	0.093	0.077	0.064	0.053	0.044	0.031	0.022	0.009	0.004
0.136	0.123	0.101	0.083	0.068	0.056	0.046	0.038	0.026	0.018	0.007	0.003
0.124	0.112	0.091	0.074	0.060	0.049	0.040	0.033	0.022	0.015	0.006	0.002
0.113	0.102	0.082	0.066	0.053	0.043	0.035	0.028	0.019	0.013	0.005	0.002
0.103	0.092	0.074	0.059	0.047	0.038	0.030	0.024	0.016	0.010	0.004	0.001
0.094	0.084	0.066	0.053	0.042	0.033	0.026	0.021	0.014	0.009	0.003	0.001
0.086	0.076	0.060	0.047	0.037	0.029	0.023	0.018	0.011	0.007	0.002	0.001
0.079	0.069	0.054	0.042	0.033	0.026	0.020	0.016	0.010	0.006	0.002	0.001
0.072	0.063	0.048	0.037	0.029	0.022	0.017	0.014	0.008	0.005	0.002	0.001
0.066	0.057	0.044	0.033	0.026	0.020	0.015	0.012	0.007	0.004	0.001	
0.027	0.022	0.015	0.011	0.008	0.005	0.004	0.003	0.001	0.001		
0.011	0.009	0.005	0.003	0.002	0.001	0.001	0.001				

(*) يبين معامل الخصم $\frac{1}{(1+r)^n}$ القيمة الحالية لتدفق نقدي قدره دينار واحد في نهاية عدد معين من السنوات المستقبلة (n) عند معدل خصم (r)...

ECONOMIC FEASIBILITY STUDIES & PROJECT EVALUATION

Dr. Medhat K. AL-Quraishi
Associate Professor of Industrial Economics.

1. Ph. D Economics, University of Surrey (UK) , 1973.
2. M.A. Development Economics, Univ of East Anglia (UK) , 1973 .
3. Postgrad. Diploma, Economic Planning, Univ of Brimingham (UK), 1972.
4. Postgrad. Diploma, International Economics, Univ of Surrey (UK) , 1969.
5. B. Sc. Economics, Univ. College of Swansea (UK) , 1968.

Printed in the United States
By Bookmasters